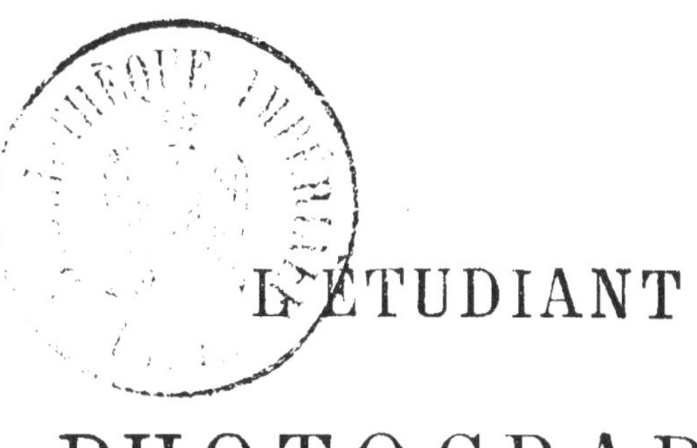

L'ÉTUDIANT

PHOTOGRAPHE

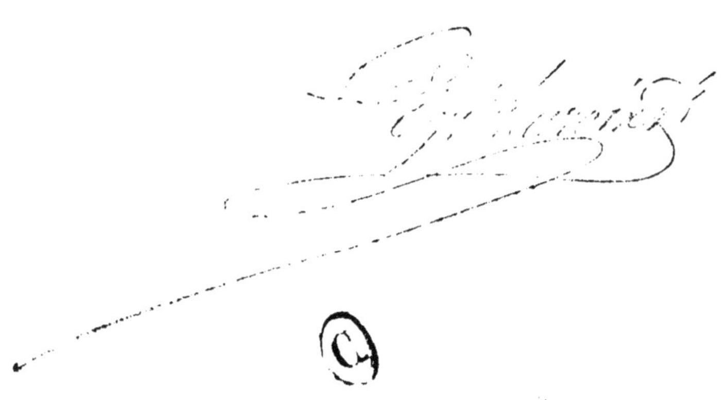

Paris.—Typ. Rouge frères, Dunon et Fresné, r. du Four-Saint-Germ., 43.

BIBLIOTHÈQUE DES PROFESSIONS INDUSTRIELLES ET AGRICOLES

Série B., No 5.

L'ÉTUDIANT

PHOTOGRAPHE

TRAITÉ PRATIQUE DE PHOTOGRAPHIE

A L'USAGE DES AMATEURS

PAR

ARTHUR CHEVALIER

Auteur de l'Hygiène de la vue, de l'Étudiant micrographe, etc., etc.

AVEC LES PROCÉDÉS

DE MM. A. CIVIALE, E. BACOT, A. CUVELIER, L. ROBERT

OUVRAGE ORNÉ DE FIGURES DANS LE TEXTE

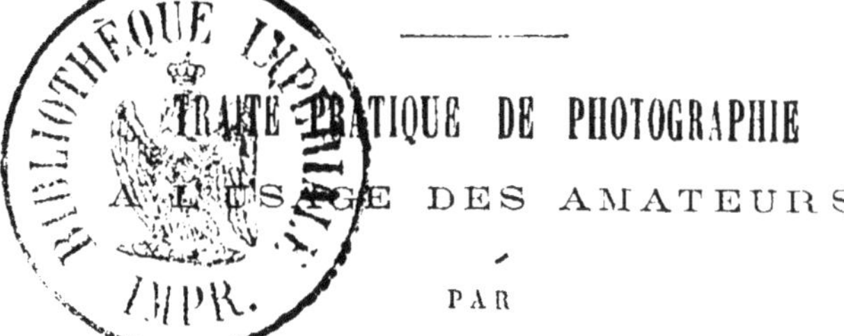

PARIS

LIBRAIRIE SCIENTIFIQUE, INDUSTRIELLE ET AGRICOLE

EUGÈNE LACROIX, ÉDITEUR

LIBRAIRE DE LA SOCIÉTÉ DES INGÉNIEURS CIVILS

15, QUAI MALAQUAIS, 15

1867

PRÉFACE

Ce livre est tout simplement un manuel simplifié de
Photographie. Il sera utile à tous ceux qui voudront
s'occuper des moyens de reproduire la nature à l'aide
de la lumière. Comme son titre l'indique, c'est le livre
de l'Étudiant, et certes nous n'avons en le livrant à la
publicité qu'un seul désir, celui d'être utile. Nous
sommes sûrs des procédés indiqués, car nous avons pu
expérimenter nous-mêmes celui relatif au collodion
humide. Les noms des amateurs qui ont donné les
formules relatives au collodion sec, au papier sec, humide, à l'albumine, etc., nous dispensent de rien ajouter relativement à la bonté des procédés.

On ne s'étonnera pas, si nous avons négligé de
parler de la gravure et de la lithophotographie, car

ces procédés ne rentrent pas dans le domaine de l'amateur.

En terminant cette courte préface, nous ne saurions oublier de remercier M. E. Lacroix pour les soins qu'il a apportés dans l'exécution de cet ouvrage. Tous les livres qu'il édite portent, du reste, la marque du savoir de l'habile éditeur.

PHOTOGRAPHIE

ESQUISSE HISTORIQUE

Comme l'a si bien exprimé M. E. de Valicourt, on comprend sous le nom générique de *photographie*, tous *les procédés qui servent à obtenir des dessins par la seule action de la lumière et sans l'intervention de la main d'un artiste.*

La photographie sur papier est la plus répandue aujourd'hui. Jadis on ne connaissait que celle sur plaque en doublé d'argent ou *daguerréotype*, dont tout le monde a vu les résultats.

L'origine de la photographie est toute moderne; mais, si l'on voulait énumérer les éléments de cette découverte, il faudrait certes remonter fort loin et tout d'abord parler des alchimistes, de Fabricius, par exemple, qui, en 1566, découvrit le chlorure d'argent. A cette époque, ce produit portait le nom de lune ou argent corné, et l'on savait très-bien la propriété que possède cette substance qui devient au soleil d'un noir bleuâtre. Et Porta, le savant Florentin, qui, pour ainsi dire en même temps, découvrit la chambre noire. Une boîte portant un verre bombé à l'une de ses extrémités, de l'autre côté un verre dépoli, tel était l'appareil. En le braquant sur un objet, le voilà reproduit sur la glace. Il suffisait pour fixer l'image d'avoir recours aux alchimistes. Mais, comme dans toutes les découvertes, il faut des siècles pour que l'œuvre s'achève. Cependant la découverte de Porta fut la base de l'édifice. Gloire à l'Italie, à ce berceau des arts et des lettres! Que ne lui doit-on pas? Elle est bien la reine des nations, ne fût-ce que pour avoir donné le jour au plus grand bienfaiteur de l'humanité, à Salvino Armato, l'inventeur des lunettes à lire! Nous parlons ici après avoir bien examiné la question, et certes l'Italie a beaucoup fait pour le monde, car la plupart des grandes découvertes ont surgi sur cette terre où le soleil et la poésie ne se quittent jamais!

Nous voilà en 1800, voici Charles, le savant populaire, l'homme doux, aimable, cherchant à instruire les autres, ne voulant pas savoir tout seul, le voici découvrant le moyen d'impressionner du papier à la lumière. Il cherche, il va donner son secret, mais la mort l'enlève à la science et tout retombe dans l'oubli. — Enfin Wegwood, Davy, continuèrent l'œuvre, Davy surtout obtint l'image de la chambre noire, mais elle s'effaçait, il fit mille essais; certes, c'était un bon chimiste que sir Humphry Davy et cependant il échoua. — Laissons vieillir le monde de trente ans, et nous voyons Nicéphore Niepce fixant l'image de la chambre obscure sur une plaque métallique enduite de bitume ; de son côté, le peintre Daguerre cherchait la solution du problème.— Ces deux hommes se réunirent, la photographie fut définitivement résolue. — La nouvelle merveille fut appelée Daguerréotype. Le mot ne fut pas juste, car la photographie est l'œuvre de deux hommes, l'œuvre de Niepce et de Daguerre. Ce ne fut pas le hasard qui réunit ces deux infatigables chercheurs, ce fut l'opticien Charles Chevalier.

Au point de vue chimique, bien des savants apportèrent leur tribut, ce furent M. Fizeau, Claudet, etc. Au point de vue de l'optique, Charles Chevalier imagina d'employer un objectif double ou à verres combinés.— Des opticiens de mérite tels que Lerebours, Secretan, Ross, etc., firent aussi d'excellentes lentilles pour la photographie.

Ceux qui ont vu l'apparition de la photographie savent avec quel enthousiasme elle fut accueillie ; jamais découverte n'excita plus d'intérêt : cependant le miroitement des épreuves sur métal, leur altérabilité, firent chercher d'autres moyens ; fixer l'image sur une feuille de papier, fut le but de Talbot, et il y parvint très-bien, car en 1841 il dévoila ses procédés. En 1847, Niepce de Saint-Victor, qui continue si glorieusement le nom de son ancêtre, découvrit la photographie sur verre, mais la photographie n'eut un vrai succès qu'à cause de l'emploi du collodion. Dès lors, la plaque fut abandonnée et les procédés d'un Anglais nommé Archer,

1.

furent seuls employés. — Avec de légères modifications ce sont ces procédés que nous décrirons plus loin.

Dans bien des traités on trouve l'histoire de la photographie jointe à la description des procédés. Nous citerons ici les meilleurs ouvrages, ce sont ceux de MM. Van Monckoven, Legray, Bareswill et Davanne (1), de Valicourt. Chacun sait combien ce dernier auteur a popularisé et enrichi la photographie. Un excellent traité italien est celui de M. J.-V. Sella, il a été traduit par M. de Valicourt. Ce livre est un des plus savants que nous connaissions, et surtout l'un des plus consciencieux, nous ne saurions donc trop en recommander la lecture.

Pour l'histoire de la photographie il suffit de lire le volume de MM. Mayer et Pierson, rien de mieux n'a été fait en ce genre.

Les services que rend chaque jour la photographie, le charme qu'elle procure, sont choses que l'on ne peut nier, seulement il ne faut pas vouloir quand même appliquer la photographie à la reproduction de tous les objets, et pour ne citer qu'un exemple, nous pensons comme M. F. Villot, qui dans la préface d'un de ses ouvrages disait qu'elle était impropre à reproduire les dessins de plusieurs couleurs, car les valeurs n'existent plus dans l'image photographique. Mais à côté de cette impuissance, de quelle utilité la photographie n'est-elle pas pour la reproduction des monuments, des gra-

____

(1) *Chimie photographique.* 4ᵉ édition. Librairie scientifique, quai Malaquais, 15.

vures? Pour le paysage elle donne de beaux résultats, mais il faut qu'elle soit parfaitement comprise, il faut là un certain discernement dans le choix du site, dans l'éclairage; on arrive certainement à de beaux effets et les photographies de M. A. Civiale, Aguado, le prouvent suffisamment. Pour les objets d'art, les épreuves de M. L. Robert ont montré que le problème était résolu.— Quant au portrait, il est difficile de l'obtenir parfait, cependant nos habiles photographes, MM. Mayer, L. Pierson, Ken, Adam Salomon, Pesme, etc., ont réellement obtenu de merveilleuses épreuves. On ne peut rien voir de plus beau que les épreuves de tableaux de MM. Bingham et Michelez; il est impossible de mieux faire, mais est-il possible de reproduire un tableau? Nous n'oserions l'affirmer. La science utilise la photographie et elle lui rend de grands services. Les éclipses, la lune, etc., ont été reproduits avec fidélité par M. Foucault. M. Rousseau, du Muséum d'histoire naturelle, a fait de fort belles épreuves de crânes et d'animaux. Nous avons aussi essayé des reproductions anatomiques et microscopiques (1) et tout fait espérer que les sciences naturelles en général tireront le plus grand parti de la photographie, mais la tâche est rude, et là il ne faut pas craindre de dire avec l'immortel poëte satirique :

Vingt fois sur le métier remettez votre ouvrage.

En ce moment on cherche, on cherche toujours, c'est

(1) Pour les expériences microscopiques, consulter *l'Étudiant micrographe,* par Arthur Chevalier. 1 vol. de 600 pages et 400 figures; chez Adrien Delahaye, place de l'École-de-Médecine.

la gravure photographique qui doit couronner l'œuvre. Ici, le nom de Nicéphore Niepce brille dans tout son éclat, car c'est l'inventeur. Celui qui continua la découverte fut Niepce de Saint-Victor. Avec lui d'infatigables expérimentateurs ont travaillé sans relâche, et les travaux de MM. Poitevin, Nègre, Salmon et Garnier, etc., ont eu un retentissement justement mérité. Espérons dans la force du génie et de la patience.

L'ÉTUDIANT
PHOTOGRAPHE

DE L'IMAGE PHOTOGRAPHIQUE

Avant d'aborder la description des instruments employés pour produire des images photographiques, il faut bien comprendre ce que c'est que cette image.

Chacun le sait aujourd'hui, le chlorure d'argent est sensible à la lumière. Si on étend une feuille de papier sur une solution de sel marin, puis si on laisse sécher la feuille et qu'on la dépose ensuite sur une autre solution de nitrate d'argent, en faisant sécher dans l'obscurité, on obtient à la surface de la feuille une couche de *chlorure d'argent* sensible à la lumière. Supposons que l'on prenne un dessin transparent et qu'on l'applique dans l'obscurité sur une feuille sensible, puis que les feuilles maintenues en contact soient portées à la lumière, il arrivera nécessairement que le papier noircira, mais seulement sous les parties transparentes du dessin. Les autres parties opaques empêcheront la lumière de passer et le papier restera blanc. On obtiendra donc une *image inverse* ou *négative*. Cette épreuve étant fixée, on peut avec elle recommencer la même opération en la mettant en contact avec une autre feuille de papier, et alors on aura une épreuve réelle, une épreuve *positive*. La fig. 1 donne l'idée de ces deux images.

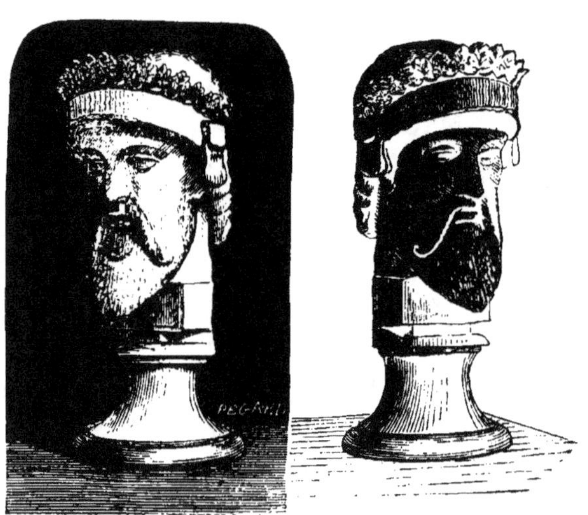

Fig. 1.

C'est là l'immense avantage de la photographie sur papier, car, ayant obtenu un bon type, une bonne épreuve inverse ou négative, on peut à l'infini obtenir des épreuves positives.

L'image négative ou *cliché* s'obtient aussi dans la chambre noire, car si nous substituons au verre dépoli, à l'écran qui reçoit l'image, un autre écran sensible à la lumière, nous aurons aussi une image négative.

·Cette image s'obtient sur un autre sel sensible, l'*iodure d'argent*. Cet iodure s'applique soit à la surface du verre, soit à la surface du papier, et fournit ainsi, par son exposition à la lumière, des images négatives ou clichés sur verre ou papier.

De là découlent tous ces procédés photographiques, qui semblent incompréhensibles au premier abord.

Ainsi, on peut dans la chambre noire obtenir des images négatives sur verre enduit de collodion sec ou humide (photographie sur verre au collodion sec ou humide), ou bien d'albumine sèche ou humide (photographie sur verre à l'albumine sèche ou humide), ou bien encore sur papier sec ou humide (photographie négative sur papier); ces images négatives, en contact avec des feuilles de papier sensible, donnent toutes des épreuves positives ayant diverses qualités.

En voyant une épreuve, on pourra donc se demander si elle a été obtenue à l'aide d'un négatif sur verre au collodion ou à l'albumine, ou bien à l'aide d'un négatif sur papier et on résoudra la question avec un peu d'habitude. Tout cela s'apprend promptement, car on peut faire un nombre infini de combinaisons avec les images négatives et positives.

Ainsi, si l'on place devant la chambre noire une image négative sur verre, on obtiendra une positive sur verre ou papier. Si c'est une positive qui se trouve devant l'appareil, c'est une négative que l'on aura. 'Si l'on place en contact d'une feuille de papier ou verre une positive ou une négative, on aura l'inverse de ces deux images, de sorte que l'on peut, suivant l'utilité, varier à l'infini tous les genres de reproductions.

Lorsque nous avons dit que nous placions dans la chambre noire, une couche d'iodure d'argent étendue sur verre ou papier, nous avons bien fait remarquer que cette couche était sensible à la lumière; mais après son exposition dans l'appareil, il faut la révéler et cela fait l'objet de manipulations que nous décrirons plus loin.

Relativement aux différents genres de photographie, esquissons ici ce qui convient à chaque genre.

Les épreuves négatives sur collodion humide s'emploient pour l'obtention des portraits, des scènes animées.

Les épreuves négatives, sur collodion sec, pour les paysages, les monuments, les gravures.

Les épreuves sur albumine sèche, pour les monuments, les gravures.

Les épreuves sur papier sec, pour le paysage, les monuments.

Si l'on cherche à apprécier l'avantage de chaque procédé, surtout au point de vue du paysage et du monument, on pourra dire que l'image négative sur papier produit des paysages plus harmonieux, moins heurtés que ceux sur collodion ou albumine. Là où réside le pittoresque, on doit employer l'image sur papier, mais si l'on veut obtenir des détails d'architecture, on devra prendre le collodion ou l'albumine.

Nous allons maintenant décrire les objets qui servent à obtenir des images photographiques; après quoi nous passerons à la description des différents procédés.

DES INSTRUMENTS

EMPLOYÉS EN PHOTOGRAPHIE

—

DE L'OBJECTIF

On entend par objectif photographique le verre ou l'assemblage de verres destinés à former dans la chambre noire l'image que l'on veut reproduire. Avant de donner la description des différents systèmes d'objectifs, il nous a semblé utile d'indiquer les principales règles de l'optique.

La lumière est un fluide qu'on ne peut saisir, qui, sous forme de rayons, éclaire les corps et nous permet de les contempler par l'intermédiaire de nos yeux.

La lumière nous vient du soleil en 8 minutes 13 secondes. Elle parcourt ainsi 77,000 lieues par seconde.

La lumière se met en ligne droite, si elle n'est pas déviée de sa route, en rencontrant divers corps; ainsi elle peut être *réfléchie* en tombant sur un miroir; elle peut être *réfractée* en passant dans un milieu tel que l'eau, le verre, etc.

Tout le monde sait que la lumière est décomposable;

en effet, l'immortel Newton la sépara en sept rayons des couleurs suivantes :

Rouge, orangé, jaune, vert, bleu, indigo, violet.

En recevant la lumière sur un prisme, on obtient sa décomposition; c'est aussi la lumière décomposée qui nous fournit le magique spectacle de l'arc-en-ciel.

Un corps est dit rouge parce qu'il réfléchit cette couleur et absorbe les autres, cela nous amène à savoir pourquoi les objets possèdent telle ou telle nuance? L'arrangement des molécules est la cause de ce fait. L'air est bleu parce qu'il réfléchit le bleu et absorbe les autres couleurs. Un corps est blanc parce qu'il réfléchit tous les rayons; il est noir parce qu'il les absorbe tous.

Quel plus joli spectacle que celui de l'arc-en-ciel; chaque goutte d'eau répandue dans l'atmosphère est un vrai prisme, et lorsque le soleil vient frapper les vapeurs répandues dans l'air, alors la brillante auréole vient se montrer.

La lumière décomposée peut être ensuite facilement recomposée en étant reçue sur un verre bombé ou lentille, qui a la propriété de réunir les rayons et de les rassembler en un point. Ainsi donc, si l'on reçoit sur une lentille bombée, la lumière décomposée par un prisme, on obtient sur un écran une tache blanche. En faisant tourner rapidement devant ses yeux un disque portant les sept couleurs, on ne voit plus qu'un disque blanc, par la vitesse les impressions se confondent, et le blanc résulte du mélange rapide des couleurs.

Comme nous l'avons dit, la lumière se compose de *rayons* auxquels on donne le nom de *pinceau* lorsqu'ils sont assemblés, et de *faisceau* pour indiquer la réunion de plusieurs pinceaux.

Tout corps lumineux lance une multitude de rayons qui divergent en forme de cônes dont les bases s'appuient sur l'œil et les sommets sur les points lumineux, c'est ainsi que la lumière se propage d'une bougie (fig. 2).

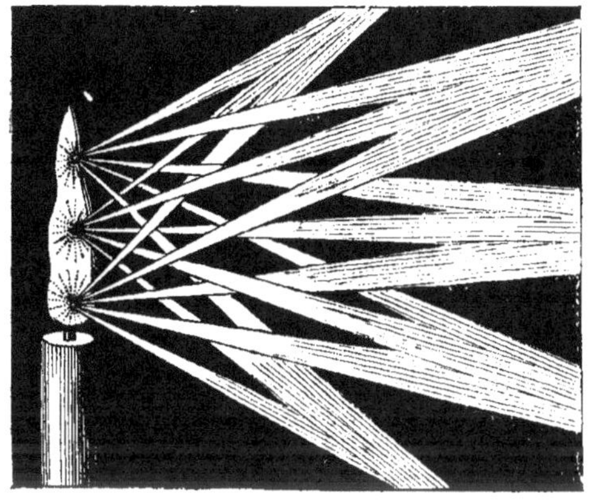

Fig. 2.

Ainsi que nous l'avons dit, la lumière peut être réfléchie; par exemple, si elle rencontre un miroir (fig. 3)

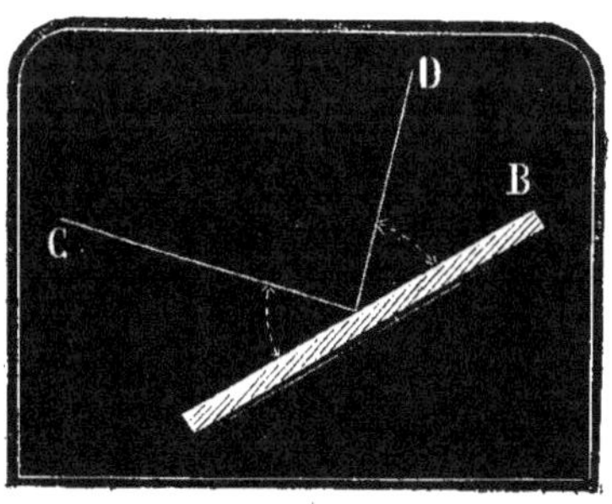

Fig. 3.

ou une surface réfléchissante quelconque, le rayon de lumière D qui s'y présente sera renvoyé ou réfléchi en C, et l'angle DB, son *angle d'incidence* sera égal à l'*angle C ou de réflexion*.

On considère trois sortes de rayons : les rayons parallèles, qui marchent toujours dans le même sens sans se joindre (fig. 4).

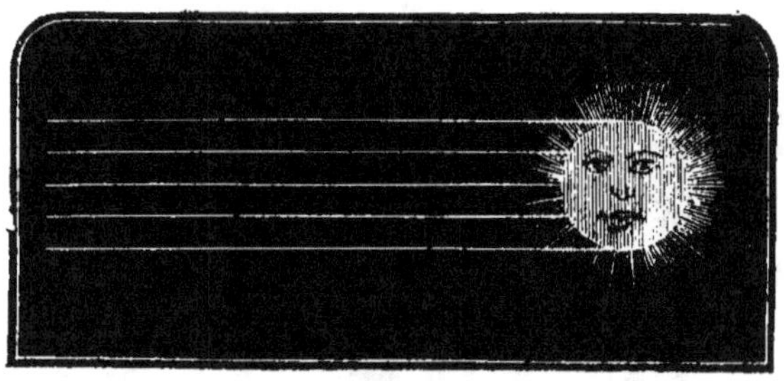

Fig. 4.

Les rayons divergents, qui s'écartent du point A d'où ils sont partis (fig. 5).

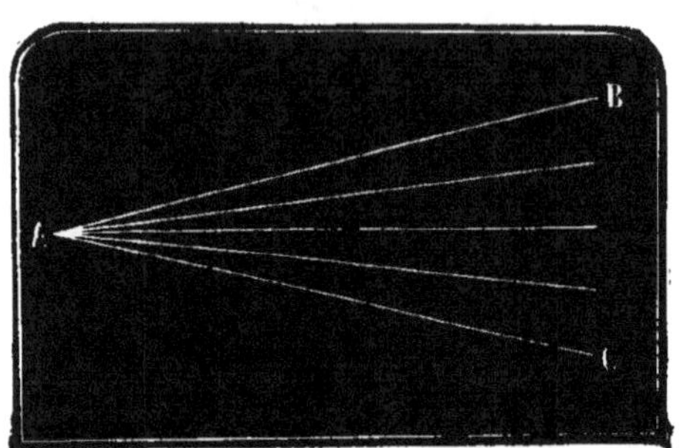

Fig. 5.

Enfin, les rayons convergents, qui se dirigent tous sur un point B (fig. 6).

Outre la réflexion de la lumière, il nous faut aussi

examiner la *réfraction*, car ses lois sont celles qui nous seront le plus utiles.

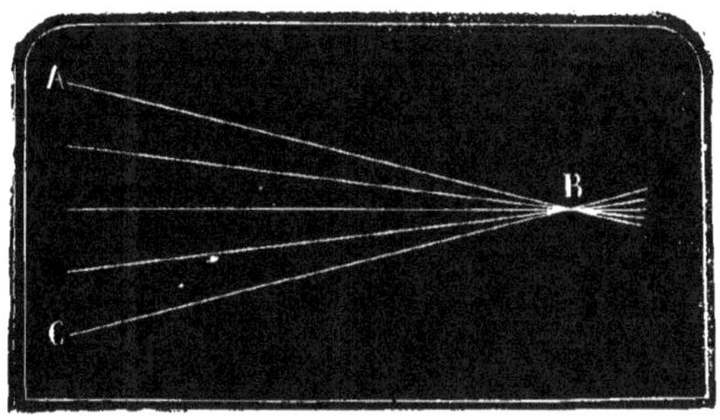

Lorsqu'un rayon de lumière passe d'un milieu moins dense dans un autre plus dense, par exemple, de l'air dans le verre, ce rayon est réfracté. Ainsi le rayon C (fig. 7) rencontrant un morceau de verre V, est brisé

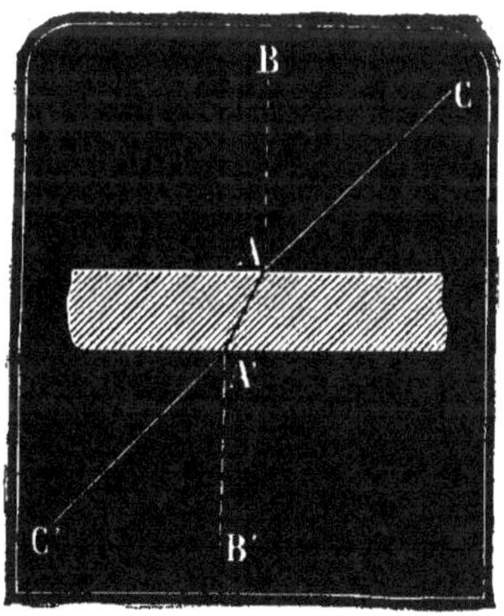

Fig. 7.

et se rapproche de la perpendiculaire B élevée au point de contact ou point d'immersion. Le rayon C passant du verre dans l'air, s'éloignera alors de la perpendiculaire B'. Tel est le phénomène qui constitue la réfraction.

C'est ce phénomène qui nous fait paraître brisé un bâton plongé dans l'eau, et qui nous trompe sur la position des corps qui y sont placés, etc.

Voyons maintenant la forme des verres employés en optique. On distingue trois sortes de verres : le *verre plan*, qui laisse voir les objets sous leurs véritables forme et dimension, puis le *verre bombé* ou *convexe* qui grossit les objets, puis enfin le *verre creux* ou *concave* qui les rapetisse.

En combinant ces trois formes de verres, on obtient six formes principales de lentilles, dont trois à bords tranchants et convergentes et trois à bords épais et divergentes.

La fig. 8 représente les formes de ces lentilles.

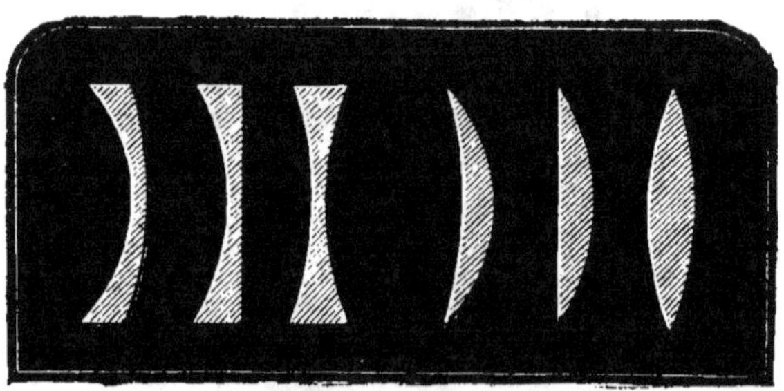

Fig. 8.

Parlons des effets des lentilles, et commençons par indiquer que l'axe principal d'une lentille est la ligne qui passe par les centres de courbure des deux surfaces, l'axe secondaire est celui qui, passant par le centre optique de la lentille, ne passe pas par les centres de courbure.

1° Tous les instruments formés d'une ou de plusieurs lentilles convexes donnent, en un point que l'on nomme foyer, une image des objets éclairés sur lesquels on les dirige.

2° Toutes les fois qu'on pourra placer au foyer d'un de ces instruments une plaque revêtue de sa couche impressionnable, on obtiendra une copie des objets; mais cette copie, ou plutôt cette image, sera plus ou moins nette, plus ou moins lumineuse, suivant la perfection des lentilles et leur position relativement aux objets.

3° Toute image produite par une lentille convexe est renversée.

4° La grandeur de l'image est à celle de l'objet comme la distance de l'image à la lentille est à celle de cette dernière à l'objet.

5° Bien que nous n'ayons à nous occuper ici que des rayons divergents, néanmoins, pour faire bien comprendre ce qu'on doit entendre par foyer, il est indispensable de dire quelques mots des modifications que les lentilles font subir aux rayons parallèles (1).

(1) A la rigueur, il n'existe pas de rayons parallèles; les rayons solaires sont eux-mêmes des rayons divergents; mais, eu égard à la distance qui nous sépare de cet astre, on est convenu de les considérer comme parallèles.

6° Lorsque des rayons parallèles tombent sur une lentille convexe, ceux qui la traversent en passant par son axe ne subissent aucune modification et sortent du verre en suivant leur direction primitive; mais tous les autres sont déviés et viennent s'entre-croiser derrière la lentille, en un certain point de l'axe, point que l'on nomme foyer.

Exemple : Le rayon R'C (fig. 9), qui passe par le

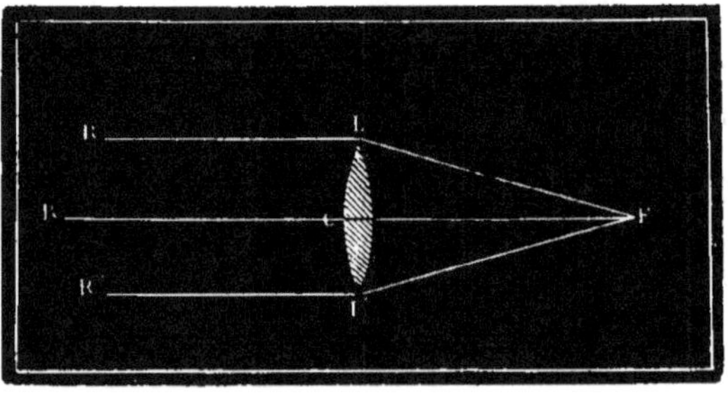

Fig. 9.

centre de la lentille LL', continue directement son chemin, mais les rayons RL, R'L' sont réfractés et s'entre-croisent en un point F, situé sur le prolongement de l'axe R'F. Le point F porte le nom de *foyer principal* ou *foyer des rayons parallèles* (1).

7° Voyons maintenant ce qui arrivera lorsque les

____

(1) Ce foyer varie pour une même lentille bi-convexe dont les deux courbures sont différentes, suivant que les rayons frappent l'une ou l'autre surface; il en est de même lorsque la lentille est plano-convexe.

rayons seront divergents. Les rayons RL, RL' (fig. 10), divergeant du point R, rencontrent la surface de la

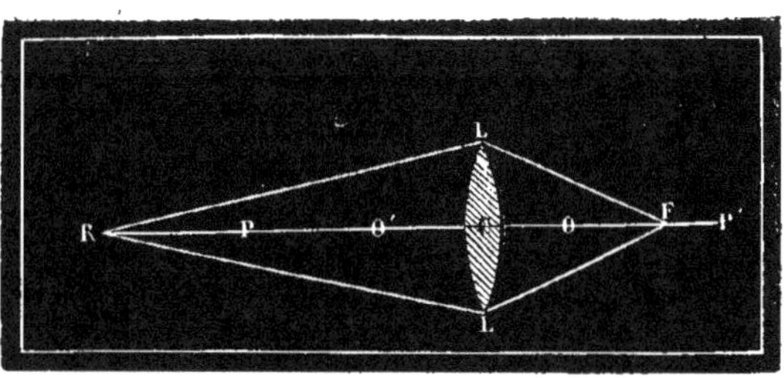

Fig. 10.

lentille LL', dont le *foyer principal* est en O ; réfractés par le verre, ils convergent vers le point F, où ils s'entrecroisent en formant une image du point R.

8° Si l'on rapproche de la lentille le point rayonnant R, le foyer F s'éloignera, et réciproquement, mais ces déplacements s'effectuent suivant certaines règles.

9° Supposons que le point R soit transporté en P placé deux fois aussi loin de C que O', le foyer F se portera en P', à une distance CP' égale à CP. Mais si R se trouvait en O', les rayons réfractés deviendraient parallèles, et il ne se formerait pas d'image ; enfin, si R était placé entre O' et C, les rayons divergeraient après la réfraction. On peut considérer indifféremment comme foyer le point F ou le point R ; or, si le point rayonnant est en F, son image se formera en R comme elle se forme en F lorsqu'il est en R ; c'est à cette coïncidence que l'on donne le nom de *foyers conjugués*.

10° Il est important de se familiariser avec cette théorie fort simple, car elle est la clef des effets produits par les instruments d'optique, et nous verrons plus tard qu'elle nous fournira les moyens de varier leurs applications ; mais on comprend déjà que plus nous rapprocherons l'objet de O ou de O', suivant le côté de la lentille exposé à la lumière, plus les rayons réfractés tendront à devenir parallèles, et, par conséquent, plus le foyer sera éloigné du verre ; mais poursuivons la théorie de la formation des images.

11° Nous avons dit que les lentilles produisent des images des objets sur lesquels on les dirige ; comment s'opère ce curieux phénomène? On sait qu'en perçant un petit trou dans le volet d'une fenêtre, et en laissant pénétrer des rayons lumineux par cette ouverture, dans une chambre bien obscure, on aperçoit, sur le mur opposé à la croisée ou sur un écran, l'image renversée des objets extérieurs. On n'ignore pas non plus que la netteté de cette image est relative au diamètre de l'ouverture, c'est-à-dire que plus l'ouverture est large, moins l'image est distincte, tandis qu'elle devient de plus en plus nette à mesure que le trou devient plus étroit. Cette expérience, facile à répéter, appartient à Porta, et fut l'origine première de la chambre noire ; mais, en exposant ce phénomène, Porta n'en donnait pas l'explication, et, comme c'est le point de départ de tous les instruments d'optique, je m'y arrêterai un moment.

12° La lumière se meut en ligne droite, à moins qu'elle ne soit déviée de sa route par des circonstances particulières. Tout rayon lumineux parti d'un corps marchera donc directement, à moins qu'il ne rencontre un obstacle qui l'intercepte. Or, de tous les points des objets lumineux par eux-mêmes ou éclairés s'élancent des rayons qui se portent, en divergeant, dans toutes les directions. Si les faisceaux formés par la réunion de ces rayons rencontrent un corps opaque et poli, ils sont réfléchis dans une direction opposée à celle qu'ils suivaient d'abord ; mais si, en un point quelconque de l'obstacle, il existe une petite ouverture, les rayons qui tombent en ce point poursuivent leur route, jusqu'à ce qu'un nouvel obstacle s'oppose à son passage.

13° Supposons qu'un homme soit placé à une certaine distance de l'ouverture, et que, du côté opposé, l'on présente un écran, l'image de l'homme viendra s'y peindre, mais dans une situation renversée, et cela se conçoit sans peine, car en admettant, pour simplifier, que l'ouverture du volet soit située sur une ligne qui vienne aboutir au milieu du corps de l'homme, il est clair que les rayons lumineux partis des pieds se dirigeront de bas en haut pour se glisser par l'ouverture, et, suivant toujours la même direction, iront faire leur impression à la partie supérieure de l'écran, tandis que les rayons de la tête s'élanceront de haut en bas, et, après s'être entre-croisés avec ceux de l'extrémité opposée, peindront l'image des différentes parties de la tête, à la partie inférieure de l'écran, et ainsi de suite pour toutes les parties intermédiaires du corps. Les rayons partant de droite et de gauche suivront une marche analogue.

14° Lorsqu'on agrandit l'ouverture, elle donne passage à un plus grand nombre de rayons, et, par suite, les images de plusieurs points de l'objet, ne se formant pas toutes au même foyer, ne se dessinent plus nettement. Si l'homme fait quelques pas vers l'ouverture, il sous-tendra un plus grand angle, et, conséquemment, les rayons seront plus obliques, se rapprocheront davantage de la verticale : donc, l'image sera plus grande ; au contraire, lorsqu'il s'éloigne, l'angle est plus petit ainsi que l'image.

15° Suivons l'expérience de Porta, et plaçons une lentille convexe à l'ouverture du volet ; nous aurons la chambre obscure que tout le monde connaît aujourd'hui. Soit LL (fig. 11), une lentille bi-convexe, et MN,

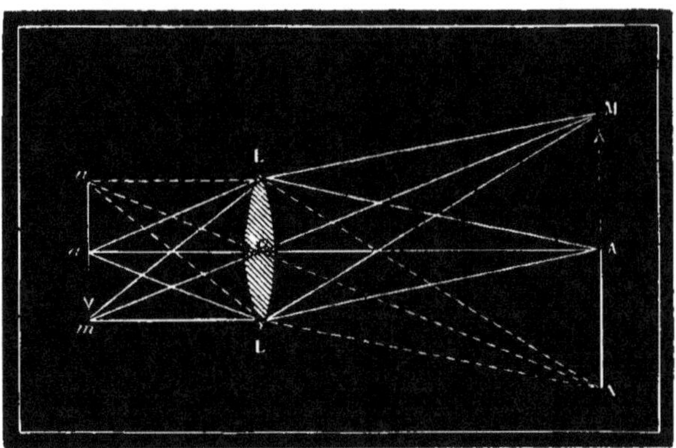

Fig. 11.

un objet éclairé dont tous les points envoient des rayons divergents qui s'entre-croisent en tous sens ; prenons, pour simplifier, trois rayons partant du centre, trois du sommet, et trois, enfin, de la partie inférieure ; ces rayons viendront frapper la lentille qui les réfractera vers les points *n*, *a*, *m*, où se montrera l'image *n*, *m*, de l'objet NM. Cette figure explique parfaitement l'inversion de l'image ; on y reconnaît aussi fort bien la relation qui existe entre la distance de l'objet et la grandeur de l'image. En effet, *m, n,* est à MN, comme la distance *c, a,* est à la distance *c* A.

16° Cette dernière règle nous indique le procédé à suivre pour obtenir à volonté des images d'une grandeur déterminée ; ainsi, supposons que *c* A soit égal à *c a,* l'image *m, n* sera égale à l'objet MN ; si *c* A égale deux fois *c a, m n* sera de moitié moins grand que MN ; si, au contraire, *c a* égale deux fois *c* A, *m n* sera le double de MN. Il est facile de vérifier ces proportions au moyen d'une règle graduée que l'on place devant la lentille, à différentes distances.

Nous avons donc établi une proportion très-importante, en ce qu'elle permet de déterminer à l'avance les grandeurs relatives de l'image et de l'objet ; tout le monde pourra désormais utiliser ces connaissances pour étendre les applications des instruments au moyen desquels on peut obtenir des images photographiques.

17° Il est encore un point très-important sur lequel j'appellerai l'attention ; je veux parler des moyens auxquels on a recours pour rendre les images plus lumineuses.

Quand on opère avec deux lentilles de même foyer, on peut rendre les images de l'une beaucoup plus brillantes que celles de l'autre, en augmentant le diamètre d'un des verres. Si, par exemple, une des lentilles a 0^m10 carrés de surface, tandis que l'autre n'en a que 0^m05, la première recevra et transmettra quatre fois

2.

autant de rayons lumineux que la seconde, et il est évident que l'image sera quatre fois plus lumineuse (1).

Exemple : Le cône lumineux LAL (fig. 12) sera entière-

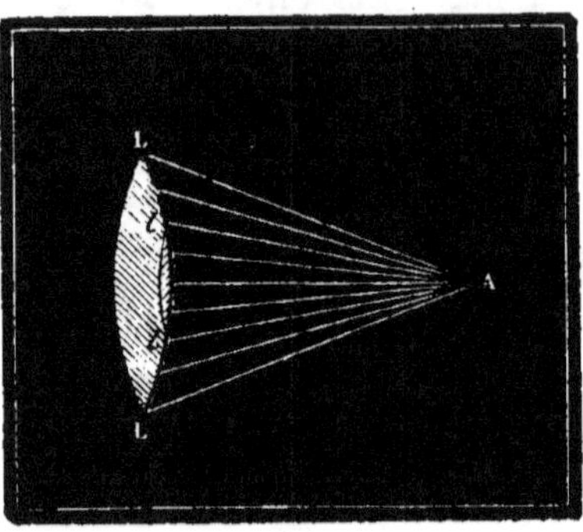

Fig. 12.

ment intercepté par la lentille LL, tandis que la lentille *ll* n'en recevra qu'une partie. Il faut se garder de confondre la *clarté* avec la netteté, ce sont deux choses totalement différentes, et l'on n'obtient ordinairement l'une qu'aux dépens de l'autre. Nous trouvons un exemple frappant dans l'effet produit par les diaphragmes. On sait qu'il est nécessaire, dans certains cas, de rétrécir le faisceau de lumière qui tombe sur une lentille ; l'objectif employé d'abord par M. Daguerre avait 0^m081 de diamètre et un diaphragme de 0^m027 d'ouverture.

18° Jusqu'ici, nous avons opéré avec des lentilles simples ; mais ces verres ne pourraient suffire aux besoins de la science ; les aberrations sphériques et chro-

(1) Supposons, pour rendre l'exemple plus frappant, que les deux verres soient carrés.

matiques les rendent tout à fait impropres à produire les effets qu'on exige des instruments d'optique. J'expliquerai d'abord ce qu'on entend par aberration de sphéricité.

19' J'ai constamment supposé que les rayons réfractés par des lentilles simples avaient leurs foyers situés dans un même plan; mais, en admettant que la réfraction s'effectue également dans tous les points de la lentille, il est évident que les rayons les plus obliques, après avoir été réfractés, ne pourront s'entre-croiser et former leur foyer dans le même plan que les rayons voisins de l'axe; il est encore certain que ces derniers subiront une réfraction moins forte, et que, par conséquent, ils convergeront plus tard et formeront leur image plus loin; donc, tous les foyers ne se trouvant pas dans le même plan, l'image ne sera distincte qu'en certains points.

20" Soit la lentille plano-convexe LL (fig. 13) et 1 s

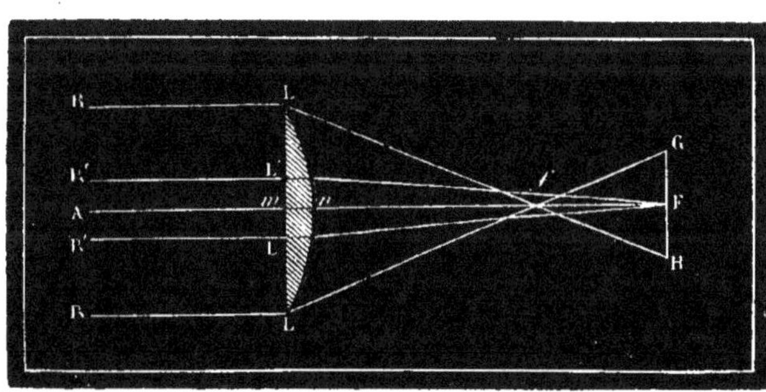

Fig. 13.

rayons RR, R'R' émanés du soleil et tombant parallèlement à AF, sur la surface plane du verre; R'L', R'L', voisins de l'axe AF, subiront une réfraction moins forte que RL, RL, et viendront s'entre-croiser en un foyer F, tandis que RL, RL auront leur foyer en f. Comment avoir une image parfaite avec cette différence de foyers? Prolongeons Lf, Lf, jusqu'en G et en H, points où les rayons rencontreraient le plan GH du foyer G, et l'image du soleil nous paraîtra entourée d'une zone à laquelle on donne le nom de *Halo*, et qui est d'autant moins brillante qu'elle s'éloigne davantage du centre F. Le même raisonnement est applicable à tous les rayons intermédiaires à RL et à R'L', et leurs différents foyers se trouveront entre f et F.

21° Veut-on vérifier l'exactitude de ces règles? rien n'est plus facile. Couvrons la surface plane de la lentille d'un diaphragme dont l'ouverture centrale ne donne passage qu'aux rayons les plus voisins de l'axe, et nous verrons l'image nette du soleil en F. Si nous substituons à ce diaphragme un petit disque qui intercepte les rayons du centre, nous aurons également une image du soleil formée par les rayons RL, RL, mais située en f. Ces deux expériences viennent encore à l'appui de ce que j'ai dit plus haut, car, dans les deux cas, l'image est rendue plus nette, mais moins lumineuse. On a donné le nom d'aberration longitudinale à la distance fF, et celui d'aberration latérale à l'écartement GH.

22° Pour comprendre ce qu'on entend par aberration chromatique, il faut se rappeler que la lumière est décomposable, en d'autres termes, qu'elle résulte de l'assemblage, du mélange d'un certain nombre de couleurs que l'oh considère comme les éléments de la lumière blanche, parce qu'on n'a pas encore pu les décomposer. Ces couleurs primitives sont au nombre de sept, classées dans l'ordre suivant : rouge, orangé, jaune, vert, bleu, indigo, violet (1). On obtient ces couleurs en décomposant la lumière au moyen d'un prisme, et l'image colorée que l'on produit porte le nom de *spectre solaire*. Puisque les prismes décomposent la lumière blanche, une lentille, qui n'est autre chose qu'une réunion de prismes, doit également décomposer les rayons lumineux qui la traversent, et, par suite, produire des images colorées des objets d'où partent ces rayons ; aussi, lorsqu'on regarde à travers une lunette non achromatique, voit-on les objets bordés par les couleurs frisées.

23° Toutes les couleurs qui forment un rayon de lumière blanche ne sont pas réfractées également par les lentilles, et, conséquemment, ne peuvent concourir au même foyer pour recomposer le rayon blanc, et non-seulement nous trouvons dans ce phénomène l'explication de l'irisation de l'image, mais encore celle du défaut de netteté qu'elle présente. Un exemple fera parfaitement comprendre ce qui précède.

24° Soit LL (fig. 14), une lentille bi-convexe, et RL, RL, des rayons de lumière blanche, parallèles, composés de sept rayons colorés ayant chacun un indice de réfraction différent, et ne pouvant donc être

(1) Plusieurs physiciens, et particulièrement M. Brewster, n'admettent que trois couleurs élémentaires : le rouge, le jaune et le bleu.

réfractés vers un seul et même point : les rayons rouges
seront réfractés en *r*, les rayons violets en *v*; la dis-

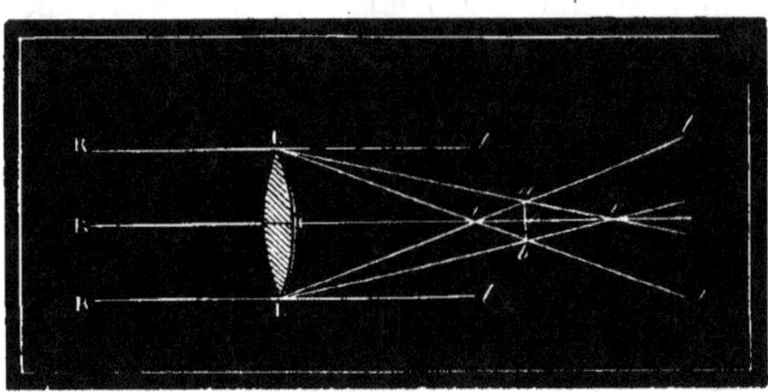

Fig. 14.

tance *v r* constitue l'aberration chromatique, et le
cercle, dont le diamètre est *a b*, placé au point de la
réfraction moyenne, porte le nom de *cercle de moindre
aberration*. Si l'on réfracte les rayons solaires au moyen
de la lentille et qu'on reçoive l'image sur un écran
placé entre *c* et *o*, de manière à couper le cône L *a b* L,
le cercle lumineux formé sur le papier sera limité par
un bord rouge, parce qu'il sera produit par une section
du cône L *a b* L dont les rayons extérieurs L *a* L *b* sont
rouges; si l'on porte l'écran au delà de *o*, le cercle lumineux sera bordé de violet, parce qu'il sera une section du cône *l' a b l'*, dont les rayons extérieurs sont
violets. Pour éviter l'influence de l'aberration de sphéricité et rendre le phénomène de la coloration plus
évident, on applique un disque opaque sur la partie
centrale de la lentille, de manière à ne laisser passer
les rayons que par les bords du verre. On voit donc
qu'avec la lentille convexe simple nous aurons une

image violette du soleil en *v*, rouge en *r*, et, enfin, des images de toutes les couleurs du spectre, dans l'espace intermédiaire ; par conséquent, l'image générale sera non-seulement confuse, mais revêtue de couleurs irisées.

On est parvenu à détruire les couleurs produites par les lentilles. C'est le savant Euler qui résolut le problème ; puis enfin Hall, savant Anglais, l'appliqua aux lunettes ; il fut suivi de près par Dollond. En France, les meilleures grandes lunettes ont été faites par MM. Cauchoix et N. Lerebours, savants opticiens ; Charles Chevalier fit, en 1823, les premières lentilles achromatiques pour les microscopes et construisit de nouvelles lunettes ou télescopes à verres combinés, d'un achromatisme rigoureux.

On obtient l'achromatisme en combinant ensemble, suivant certaines règles, deux sortes de verres, le *crown glass* et le *flint glass*. Tout verre achromatique est donc formé de deux verres qui peuvent être ou non réunis ou collés ensemble (fig. 15). L'explication de l'achro-

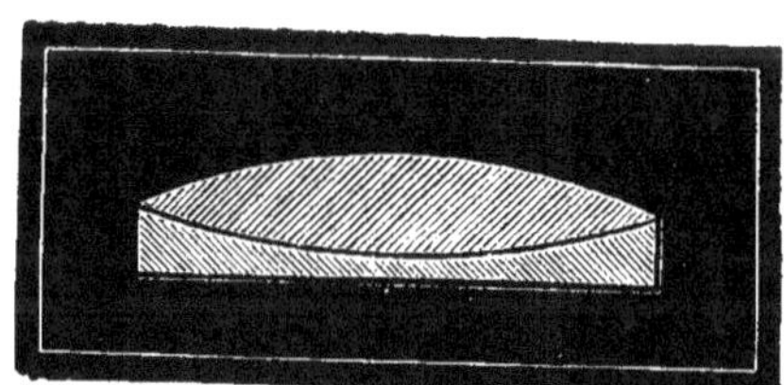

Fig. 15.

matisme est facile à concevoir. Nous prendrons ici deu prismes pour expliquer ce fait curieux.

Soit un prisme C en crown et un prisme F en flint (fig. 16), tous deux d'un pouvoir dispersif égal, mais d'un angle inégal, puisque le flint est plus dispersif que le crown. Soit un rayon de lumière L, tombant sur le

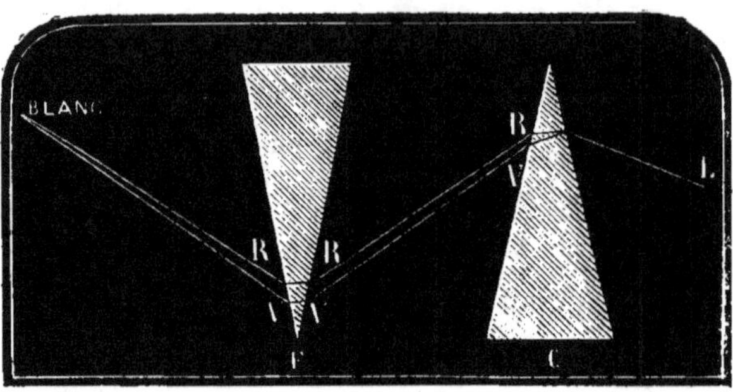

Fig. 16.

prisme C, il en sortira décomposé en sept couleurs; prenons seulement le rayon rouge R et le rayon violet V, qui, rencontrant le prisme en flint F, seront refractés et iront en un point former une tache blanche.

Les prismes étant placés en sens inverse, on comprend que la dispersion sera compensée. Toutefois, l'achromatisme des rayons a lieu suivant le rapport des angles des prismes. Ainsi on ne peut achromatiser que deux rayons; il faudrait sept verres pour obtenir un achromatisme parfait; mais on se contente, dans les lentilles, d'en achromatiser deux.

Nous pouvons actuellement comprendre les effets produits par tous les instruments dioptriques, mais, avant de passer aux applications de ces préceptes, je donnerai encore quelques indications sur les actions chimiques et calorifiques du spectre solaire, et sur les moyens de trouver le foyer d'une lentille et de produire des images d'une grandeur déterminée. Ces renseignements pourront offrir de l'intérêt aux photographes, et leur éviteront parfois de longs et fastidieux tâtonnements.

— La température n'est point égale dans tous les points du spectre solaire, ainsi qu'il est facile de s'en assurer en prenant la boule d'un thermomètre dans les bandes de différentes couleurs. Le réservoir du thermomètre doit être très-petit et cylindrique, autrement on n'obtiendrait que des indications inexactes. Supposons, en effet, que le spectre soit divisé en bandes égales, parallèles entre elles, et que la température soit uniforme dans chaque bande et inégale dans les différentes bandes; si le réservoir du thermomètre dont on fait usage a un diamètre plus grand que la largeur d'une de ces divisions, l'instrument ne pourra donner que la température moyenne des bandes devant lesquelles on le présentera successivement, puisqu'il indiquera en même temps la température des deux bandes devant lesquelles il sera exposé. Il faut donc, à l'exemple de sir Humphry Davy, se servir d'un thermomètre dont le réservoir ait un diamètre un peu moindre que la largeur de la plus petite division colorée (1).

Il résulte des expériences faites par Herschel, avec

(1) Comme il est presque impossible de limiter exactement les différentes couleurs du spectre à moins d'avoir recours aux raies de Frauhenhofer, on devra placer le réservoir du thermomètre au milieu des bandes colorées. Lorsqu'on veut faire ces expériences avec une grande exactitude, on se sert de la pile thermo-électrique de Melloni.

un thermomètre à air dont le réservoir n'avait pas plus de $0^m 002$ de diamètre, que la température va en augmentant, depuis l'extrémité violette du spectre jusqu'à son extrémité rouge.

Le célèbre physicien reconnut en même temps que le thermomètre continuait à monter lorsqu'on le plaçait au delà du rouge, et il en conclut qu'il existait dans la lumière solaire des rayons invisibles caloriques et moins réfrangibles que les rayons rouges. Ajoutons, pour éviter les erreurs, que le point maximum de chaleur du spectre varie avec la substance dont est formé le prisme, ainsi que l'a démontré M. Seebeck.

— L'action chimique des diverses couleurs du spectre solaire est d'un bien plus grand intérêt encore pour le photographe, puisqu'elle lui fournit les moyens d'expliquer la rapidité ou la lenteur avec laquelle se reproduisent quelques objets ou certaines parties d'un même objet.

Scheele fut, si je ne me trompe, le premier à reconnaître que le chlorure d'argent noircissait davantage sous l'influence des rayons violets; puis Ritter découvrit que cette substance devenait encore plus noire au delà de l'extrémité violette du spectre, et que la teinte était d'autant plus faible qu'on se rapprochait de l'extrémité rouge.

On comprendra maintenant pourquoi le violet et le bleu impressionnent si rapidement les couches sensibles, tandis que le rouge agit avec lenteur sur les mêmes substances.

Il ne sera peut-être pas inutile de rappeler ici certains résultats relatifs à la production des images colorées, et que M. Seebeck fut le premier à signaler.

Si l'on projette un spectre solaire sur une couche de chlorure d'argent, celle-ci prendra une teinte blanche dans le point occupé par les rayons les plus réfrangibles. Les espaces *vert, bleu* et *violet* viendront avec les mêmes teintes ; le violet sera très-étendu et l'image photogénée se prolongera bien au delà de l'extrémité du spectre. L'orangé donne au chlorure une teinte rouge brique, puis verte et enfin bleu foncé. Le rouge est presque sans action, mais il existe au delà un espace désigné sous le nom de *gris lavande,* qui agit très-énergiquement.

Une feuille de papier, préparée au chlorure d'argent et exposée à la lumière diffuse avant d'être présentée au spectre solaire, est impressionnée par tous les rayons colorés.

L'action des corps diaphanes sur les rayons chimiques est fort remarquable et mérite d'être mentionnée.

Le verre blanc, le sel gemme, les verres bleu et violet offrent le maximum de perméabilité, tandis que le verre vert, le mica vert, le béryl jaune, la tourmaline brune et verte, le verre rouge, le verre jaune retardent ou annihilent complétement l'action chimique. Il suffit de placer une lame de verre ou de mica vert foncé devant le chlorure d'argent, pour empêcher l'action de la lumière.

— Bien des cas peuvent se présenter où il est nécessaire de pouvoir calculer la longueur locale d'une lentille ou d'un objectif, soit que l'on veuille disposer la chambre noire pour des applications particulières, soit que l'on ait à déterminer la longueur que doit avoir le tiroir de l'instrument ou la distance à laquelle il faut placer l'objet pour obtenir une image d'une grandeur donnée. Les règles suivantes, dont l'application n'exige que des calculs fort simples, fourniront aux photographes la solution des problèmes qui pourraient les arrêter dans le cours de leur pratique.

A. — LENTILLES PLANO-CONVEXES

1° *Trouver le foyer principal* (1).

Si le côté convexe est opposé aux rayons, le foyer se trouvera à deux fois la distance du rayon de courbure, moins les deux tiers de l'épaisseur de la lentille.

2° Si c'est le côté plan qui regarde l'objet, le foyer sera éloigné de la surface du verre de deux fois la longueur du rayon.

3° *Trouver le foyer pour des rayons divergents.* Divisez le produit doublé de la distance du point rayonnant par le rayon, par la différence entre cette distance et deux fois le rayon.

4° *Trouver des foyers pour des rayons convergents.* La règle est la même que pour les rayons divergents; mais, au lieu de diviser par la différence, divisez par la

(1) Foyer des rayons parallèles.

somme de la distance du point rayonnant et du rayon multiplié par deux.

Afin de faire mieux comprendre ces opérations, nous les ferons suivre de quelques exemples. Les n°s 1 et 2 n'ont pas besoin de démonstration. Passons de suite au n° 3.

Exemple n° 3.

Distance du point
rayonnant ———— D ——— = 40
Rayon (1) ———— R ——— = 8

$$40 \times 8 = 320$$
$$320 \times 2 = 640$$
$$40 - (8 \times 2) = 24 \qquad \frac{640}{24} = 26 + \frac{2}{3}$$

$$26 + \frac{2}{3} = \text{longueur locale.}$$

Exemple n° 4.

$$D = 30$$
$$R = 8$$
$$240 \times 2 = 480$$
$$30 + (8 \times 2) = 46 \qquad \frac{480}{46} = 10 + \frac{10}{23}$$

$$10 + \frac{10}{23} = \text{longueur focale.}$$

(1) Nous désignerons désormais par D la distance, et par R le rayon.

B. — LENTILLE BI-CONVEXE A COURBURES ÉGALES

Pour l'usage ordinaire, on peut, sans inconvénient, négliger l'épaisseur de la lentille.

1° *Trouver le foyer pour les rayons parallèles.*

Le foyer sera situé à une distance de la lentille égale au rayon.

2° *Trouver le foyer des rayons divergents.*

Multipliez la distance de l'objet au verre par le rayon de courbure ; divisez le produit par la différence entre cette même distance et le rayon.

3° *Trouver le foyer des rayons convergents.*

Multipliez la distance de l'objet par le rayon de courbure ; divisez le produit par la somme de la distance et du rayon.

EXEMPLES.

Exemple n. 2.

$$D = 40$$
$$R = 15$$
$$40 \times 15 = 600 \qquad \frac{600}{25} = 24$$
$$40 - 15 \times 25$$
$$24 = \text{longueur focale.}$$

Exemple n° 3.

$$D = 30$$
$$R = 15$$
$$30 \times 15 = 450 \qquad \frac{450}{45} = 10$$
$$30 + 15 = 45$$
$$10 = \text{longueur focale.}$$

C. — LENTILLES BI-CONVEXES A COURBURES INÉGALES.

1° *Trouver le foyer des rayons parallèles.*

Divisez le produit doublé des deux rayons l'un par l'autre, par la somme de ces rayons.

2° *Trouver le foyer des rayons divergents.*

Multipliez le produit doublé des rayons l'un par l'autre, par la distance de l'objet, vous aurez ainsi le *dividende*. Prenez ensuite la différence entre le produit de la somme des rayons par la distance, et deux fois le produit des rayons multipliés l'un par l'autre, ce qui formera le *diviseur*. Le quotient sera la quantité cherchée.

3° *Trouver le foyer des rayons convergents.*

Suivez la même marche que pour les rayons divergents; mais, au lieu de prendre la différence des quantités énoncées dans le diviseur, prenez leur somme.

EXEMPLES

Exemple n° 1 (1).

$$+ R = 50$$
$$- R = 30$$
$$50 \times 30 = 1500$$
$$1500 \times 2 = 3000$$
$$50 + 30 = 80 \qquad \frac{3000}{80} = 37,5$$
$$37,5 = \text{distance focale.}$$

(1) Nous désignerons le rayon le plus long par $+ R$ et le plus court par $- R$.

Exemple n° 2.

$$+ R = 50$$
$$- R = 30$$
$$D = 300$$
$$50 \times 30 = 1500$$
$$1500 \times 2 = 3000$$
$$3000 \times 300 = 900000$$
$$900000 = \text{dividende.}$$
$$50 + 30 = 80$$
$$80 \times 300 = 24000$$
$$1500 \times 2 = 3000$$
$$24000 - 3000 = 21000$$
$$21000 = \text{diviseur.}$$
$$\frac{900000}{21000} = 42,8$$
$$42,8 = \text{distance focale.}$$

Les photographes ont souvent occasion de reproduire des gravures, des statues, des médaillons, etc., etc., sous des proportions déterminées. Afin de trouver la position relative de l'objet et de la glace dépolie, ils sont obligés de tâtonner longtemps, et parfois sans obtenir un bon résultat ; si le foyer de leur objectif ne leur est pas connu, et, de l'autre, si le tirage de leur chambre noire est trop court ou trop long, il leur sera fort souvent impossible d'atteindre le but qu'ils se proposent. En lisant les renseignements qui précèdent, ils auront appris à trouver le foyer de leurs lentilles, mais il faut qu'ils sachent déterminer théoriquement la distance à laquelle un objet doit être placé pour donner une image d'une grandeur déterminée.

Les règles que je vais exposer dans les paragraphes suivants leur en fourniront les moyens.

Trouver, pour une lentille bi-convexe à courbures égales, la distance à laquelle un objet doit être placé pour que son image ait une grandeur déterminée.

Désignons la grandeur de l'objet par O, celle de l'image par I et le rayon par R.

Additionnez la grandeur de l'objet et celle de son image ; multipliez la somme par le rayon de courbure, divisez le produit par la grandeur de l'image.

Supposons que O étant égal à 40, on veuille avoir une image égale à 10, le rayon de courbure de la lentille étant égal à 10.

$$O = 40$$
$$I = 10$$
$$R = 10$$
$$40 + 10 = 50 \qquad \frac{500}{10} = 50$$
$$50 \times 10 = 500$$
$$50 = D.$$

Veut-on que l'image soit de même grandeur que l'objet ? on procédera de la manière suivante :

$$O = 10$$
$$I = 10$$
$$R = 40$$
$$10 + 10 = 20 \qquad \frac{800}{10} = 80$$
$$20 \times 40 = 800$$
$$80 = D$$

On voit que la distance est égale à R — 2 ; il suffit donc de doubler le rayon pour avoir aussitôt la distance.

Si l'on cherchait à produire une image plus grande
que l'objet, il faudrait encore calculer de la même manière :

$$
\begin{aligned}
O &= 5 \\
I &= 20 \\
R &= 40 \\
5 + 20 &= 25 \qquad \frac{1000}{20} = 50 \\
25 \times 40 &= 1000 \\
50 &= D
\end{aligned}
$$

Si la lentille, au lieu d'être bi-convexe, est plano-
convexe, on procédera de la même manière ; mais la
distance de l'objet sera toujours le double de celle que
donnerait une lentille du même rayon.

Dans le cas où la distance de l'objet et la grandeur
de l'image seraient connues, on trouverait le rayon de
la lentille par l'opération suivante :

$$
\begin{aligned}
O &= 100 \\
I &= 10 \\
D &= 330 \\
330 \times 10 &= 3300 \qquad \frac{3300}{110} = 30 \\
10 + 100 &= 110 \\
30 &= R.
\end{aligned}
$$

Multipliez la distance de l'objet par l'image et divisez
le produit par la somme de l'objet et de l'image.

On a dû remarquer que la grandeur relative de l'objet et de l'image est déterminée par le rapport de leur
distance à la lentille ; en d'autres termes, que l'objet
étant plus loin de la lentille que l'image, celle-ci sera
plus petite que l'objet, tandis qu'elle sera de même
grandeur quand les distances seront égales, et plus

grande si elle se trouve plus près de la lentille que l'objet.

Eh bien ! dans le premier cas, c'est-à-dire quand l'objet est plus loin de la lentille que l'image, on obtient l'effet de *la chambre obscure ;* à égalité de distance, c'est encore *la chambre obscure ;* mais lorsque l'objet se rapproche et que son image est plus grande, *c'est le mégascope,* et enfin *le microscope solaire,* quand l'objet est tellement rapproché du verre que l'image se trouve considérablement amplifiée.

Revenons maintenant à l'objectif photographique proprement dit. On emploie généralement deux sortes d'objectifs : combinés et simples.

Les objectifs doubles sont de deux sortes : 1° ceux à portraits; 2° ceux qui peuvent servir à la fois pour portraits et paysages, tout en restant doubles.

Les premiers (A) sont des objectifs à foyer assez courts composés de deux lentilles (fig. 17). Le verre

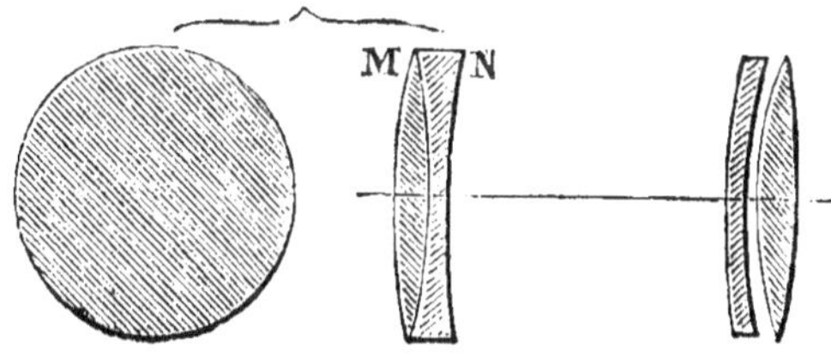

Fig. 17.

antérieur MN est ménisque et le verre postérieur est bi-convexe.

Dans ce dernier verre, le crown-glass est éloigné du flint. Ces objectifs sont excellents pour le portrait; ils sont très-rapides et donnent de très-bonnes images.

Les objectifs 1/2 sont particulièrement employés pour la carte de visite.

Les objectifs 1/4 peuvent aussi servir pour cet usage, mais ils sont d'un foyer un peu court. L'objectif 1/4 diaphragmé peut servir pour le paysage et pour le stéréoscope.

L'objectif 3 pouces, ou plaque entière, sert pour les portraits sur cette dernière dimension, qui est de 18 centimètres sur 24. Les objectifs 4 pouces et 5 pouces servent à faire des portraits sur des plaques de 27 centimètres sur 21, ou de 30 centimètres sur 24.

Tous ces objectifs sont accompagnés d'une série de diaphragmes qui se placent entre les deux verres.

Les objectifs (C), qui peuvent servir doubles tant pour portraits que paysages, sont d'un usage très-répandu ; mais, pour les portraits, ils sont plus lents que les objectifs A. Voici la description de cet instrument, inventé par Charles Chevalier en 1840 :

Cet objectif est composé, comme on le sait depuis longtemps, de deux verres achromatiques : l'un, ménisque, placé du côté de la plaque ; l'autre, bi-convexe ou plano-convexe, du côté de l'objet. On adapte ordinairement à la partie antérieure de l'objectif un diaphragme plus ou moins étroit qui sert à modérer la lumière, et, en général, à donner plus de netteté aux images.

Quand on veut faire un paysage, un monument, on dispose l'objectif de la manière indiquée (fig. 18). Pour le portrait, on remplace la lentille 1 par le verre 5, (fig. 19).

En changeant le verre antérieur, on allonge ou l'on

raceourcit le foyer, on diminue ou l'on augmente le pouvoir réfringent de l'objectif. Dans le principe, l'illustre Daguerre craignait qu'il ne fût impossible de faire des portraits photographiés avec le daguerréotype ; on ne put y réussir qu'en employant des objectifs à courts foyers et des substances plus impressionnables. En effet, si l'on fait usage de ces derniers objectifs, les épreuves manquent de netteté sur les bords et les objets sont reproduits sur une trop petite échelle, et le grand artiste ne voulait que la perfection.

On explique facilement ces diverses particularités par les variations d'incidence des rayons lumineux. Un objet éloigné envoie à l'objectif des rayons beaucoup moins divergents qu'un objet placé près de la lentille, et cette différence est surtout sensible pour les rayons situés à la périphérie du cône lumineux. Une lentille trop convexe fera éprouver à ces rayons extrêmes une réfraction trop forte relativement à celle que subissent les rayons plus rapprochés de l'axe ; les diverses parties de l'image ne se formeront plus sur le même plan et l'ensemble manquera de netteté ; d'ailleurs, les rayons extrêmes étant moins divergents pour les objets éloignés, il ne sera pas nécessaire de les soumettre à une puissante réfraction pour les faire converger vers un foyer commun. Lorsque l'objet est situé à une petite distance de l'objectif les rayons divergent considérablement, et cette divergence est d'autant plus sensible que les rayons sont plus éloignés de l'axe ; il faudra donc leur faire subir une plus grande déviation, et l'on aura recours à une lentille plus convexe.

On comprend sans doute maintenant toute l'utilité du changement de verre pour modifier le foyer ou grandeur de l'image.

Par exemple, quand on veut copier un monument, il arrive souvent qu'on est placé trop près de l'édifice pour que son image puisse se peindre entièrement sur la plaque, et lorsqu'on peut se placer à une plus grande distance, l'image est trop petite et les détails sont imperceptibles. Pour le paysage, il fau nécessairement de grandes images, parce que les objets sont toujours très-éloignés. Ceci démontre clairement l'utilité de l'objectif variable, dont il suffit de changer un seul verre d'un prix peu élevé pour obtenir dans tous les cas des images parfaites.

Lorsqu'on veut reproduire des parties détachées d'un monument, des détails d'ornementation, certaines inscriptions, etc., on cherche à donner aux épreuves de grandes proportions pour que tous les linéaments soient parfaitement visibles ; ici encore cet objectif, si justement nommé *variable,* se prêtera aux désirs de l'artiste avec la plus complaisante docilité, car il suffira d'employer isolément le verre postérieur après l'avoir diaphragmé convenablement, en vissant à l'extrémité du cône un disque perforé dont l'ouverture sera en rapport avec la netteté nécessaire et avec la quantité de lumière dont on pourra disposer. On comprend que, dans ce cas, le tirage de la chambre obscure devra être d'autant plus long que le foyer se formera plus loin de l'objectif.

L'emploi du verre postérieur seul nous permettra encore de prendre des perspectives lointaines qui, presque toujours, se traduisent sous de trop petites proportions.

S'il se présentait des circonstances où l'on eût besoin d'un foyer plus long encore, il faudrait un verre postérieur de rechange, et de son association avec les verres antérieurs naîtraient de nouvelles combinaisons, et le photographe aurait ainsi les moyens d'opérer, dans tous les cas, avec la plus grande perfection.

Combien de fois n'est-il pas arrivé que, dans une excursion photographique, on s'est trouvé dans l'impossibilité d'opérer, parce qu'on ne pouvait se placer assez près ou assez loin de l'objet à reproduire ! Avec cet objectif variable, cet accident n'est jamais à craindre.

L'objet est-il trop rapproché, on fait usage du verre postérieur le plus court associé au verre antérieur sur lequel est gravé le mot *portrait*. Quand l'objet est très-éloigné, on emploie le verre postérieur seul, en choisissant celui dont le foyer est le plus long pour les objets les plus distants.

En combinant deux à deux les diverses lentilles, dont on peut aussi varier la distance, il est facile de se placer toujours dans les meilleures conditions.

La supériorité de cette combinaison est surtout manifeste dans les reproductions de groupes formés de plusieurs personnes, et, en général, de tous les objets *dont les différentes parties sont placées sur plusieurs plans.*

Il est bien entendu que l'ouverture du diaphragme doit varier suivant que l'on exécute un paysage ou un portrait.

On se sert du plus petit diaphragme pour faire le

paysage ou copier des gravures ; les deux autres s'emploient alternativement pour le portrait et pour le paysage ; le plus étroit donne plus de netteté, le plus large plus de rapidité. Avec l'appareil quart de plaque, on se sert du grand diaphragme pour le portrait, du moyen pour le portrait plus net et le paysage, et du petit pour copier des tableaux et des gravures, ainsi que pour le paysage, quand on désire avoir une grande netteté et qu'on ne tient pas à opérer très-rapidement. Le diaphragme placé à l'extrémité du cône, derrière le verre antérieur, réussit très-bien, surtout pour les paysages.

Les différentes pièces de l'objectif sont (fig. 18 et 19) :

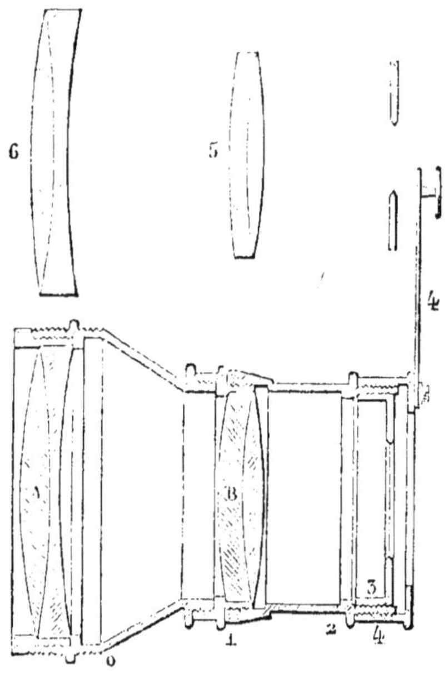

Fig. 18 et 19

A. Lentille achromatique postérieure.

B. Lentille antérieure, 1.

O. Le cône ou premier tube. Pour les petits objectifs, le tube a un engrenage (fig. 20).

2. Second tube.

3. Diaphragme.

4. Obturateur.

5. Objectif et rechange pour portrait.

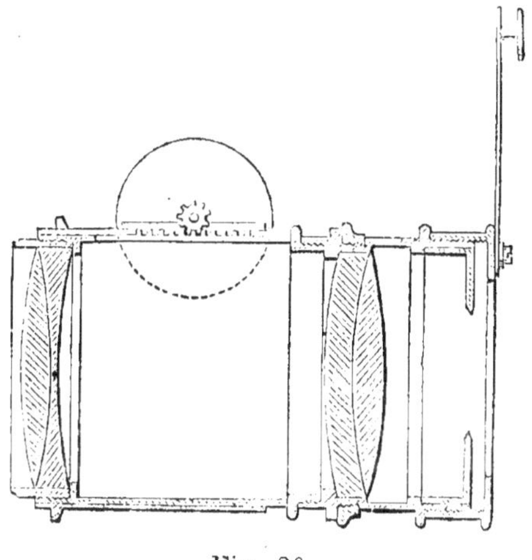

Fig. 20.

6. Lentille postérieure à plus long foyer que l'on
ajoute sur demande particulière (fig. 19).

On aura soin de tenir les verres en bon état, et de ne
les essuyer qu'avec un morceau de linge de fil (*batiste*),
après avoir enlevé la poussière à l'aide d'un pinceau
doux et propre.

Il faut toujours placer devant l'objectif un cône de
carton doublé de velours noir pour soustraire l'appareil
optique à l'influence perturbatrice de la lumière latérale. Nous conseillons aux amateurs qui tiennent à avoir

un instrument parfait de faire doubler de velours noir l'intérieur de leur chambre obscure.

L'objectif dont nous venons de donner la description peut produire sur toute l'étendue de la feuille sensible, même lorsqu'on reproduit des objets placés sur des plans très-différents. Les portraits sur grande plaque présentent les mêmes qualités; mais, nous ne chercherons pas à le cacher, il faut pouvoir disposer d'un bel éclairage pour opérer très-rapidement. Si la lumière n'est pas vive, l'exposition lumineuse sera environ d'un tiers plus longue qu'avec les objectifs spécialement destinés au portrait. Certes, la perfection de l'épreuve compensera amplement la rapidité, et nous connaissons plusieurs amateurs qui n'hésitent pas à faire poser leur modèle 20 ou 30″ pour obtenir cette netteté générale sans dureté, que l'on ne parvient pas à produire avec les objectifs très-rapides.

Le troisième objectif employé en photographie est l'objectif simple B (voir fig. 17, le verre MN, le côté concave du côté de l'objet). Il se compose d'un verre ménisque achromatique, analogue au verre postérieur de l'objectif précédent. L'objectif simple sert pour les paysages et les reproductions de gravures et de tableaux. Pour le paysage, il faut remarquer que l'objectif C donne des épreuves remarquables par leur perspective. Les images obtenues à l'aide des objectifs simples sont plates et sans harmonie. — Cette remarque a été faite depuis longtemps, et ne laisse aucun doute à présent.

Tous les objectifs sont munis de diaphragmes de différentes ouvertures. Dans les objectifs A ils se placent entre les deux verres, et dans les objectifs B et C ils se mettent à l'extrémité antérieure de l'objectif. Les montures, qui se font ordinairement en cuivre, sont munies d'une rondelle pour fixer l'objectif de la chambre noire, et d'un bouchon qui sert à ouvrir et fermer l'instrument. On peut aussi faire des montures en aluminium, ce qui rend très-facile le transport de l'objectif. M. A. Civiale emploie exclusivement ce genre de montures.

Le verre employé pour les objectifs doit être sans bulles ni stries. De petites bulles ne nuisent pas à l'image, mais les stries empêchent la netteté ; on devra donc refuser tout objectif entaché de ce défaut.

Une chose très-importante est d'avoir des objectifs *sans foyer chimique*. Sans nous arrêter longtemps sur le point scientifique, nous dirons qu'il faut que l'épreuve soit nettement venue, à l'endroit juste où la glace dépolie représentait l'image dans toute sa pureté.

Un objectif avec foyer chimique ne donnera pas l'épreuve nette, au même point que celui fixé par la glace dépolie. C'est là un grave inconvénient que ce *double foyer;* mais, disons-le, aujourd'hui les constructeurs remédient à ce défaut, et les objectifs à foyer chimique sont devenus très-rares.

Outre les systèmes d'objectifs que nous venons de décrire, il a été dans ces derniers temps proposé d'autres combinaisons. On ne peut encore se prononcer complétement à cet égard. Il faut attendre des expériences comparatives qui n'ont pas encore été suffisamment faites.

On ne devra rien négliger pour se procurer un bon objectif, car il constitue l'*âme de l'appareil,* ainsi que Charles Chevalier l'a si judicieusement fait remarquer.

Malheureusement, toutes les choses qui prennent de l'extension et qui deviennent d'un usage assez général, finissent par tomber sous l'empire de la fabrication vicieuse. Le bon marché est l'appât, et aussi aujourd'hui le nombre des mauvais objectifs est incalculable. On devra donc ne s'adresser qu'à des fabricants sérieux, et ne pas se procurer au hasard l'objectif photographique qui doit être parfaitement construit pour être bon.

DES CHAMBRES NOIRES

La chambre noire la plus employée et la plus simple est celle représentée fig. 21. — Elle se compose d'un

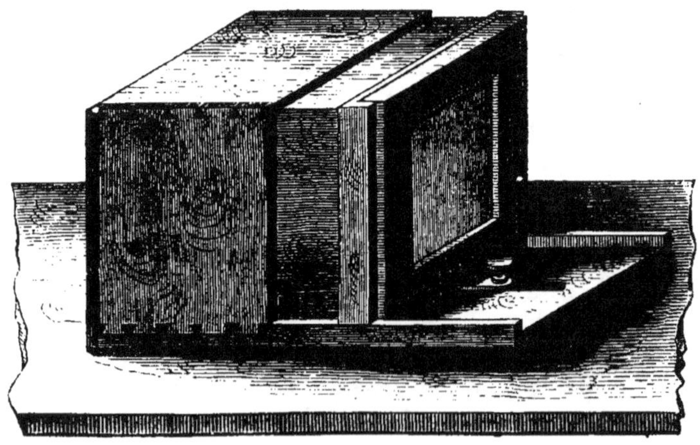

Fig. 21.

coffre ordinaire en bois de noyer, portant l'objectif, puis d'un autre coffre glissant dans le premier, et portant en face la lentille une glace dépolie placée dans un cadre à coulisse. Ce cadre s'enlève avec la glace, et on lui substitue le châssis, sorte de boîte plate qui porte la glace (fig. 22). Dans le châssis, la glace doit re-

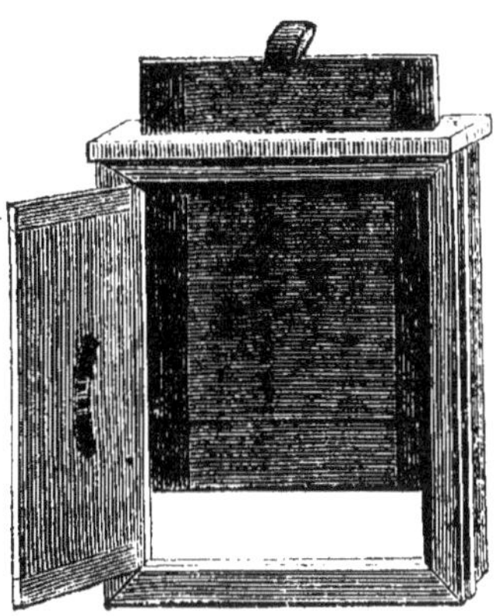

Fig. 22.

poser sur les quatre angles. On place aussi dans les châssis des cadres plus petits que le format de l'appareil. (fig. 23). Les formats les plus usités en photogra-

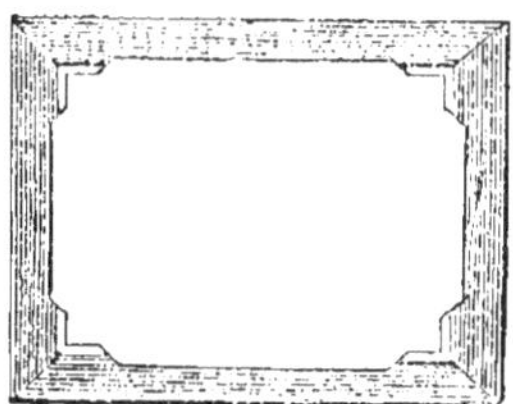

Fig. 23.

phie sont les suivants. (Les dimensions indiquées représentent la grandeur de l'épreuve).

1/4		9 centimètres sur		11
1/2	13	»	1/2 »	18
Plaque entière	18	»		» 24
Plaque de	27	»		» 21
Plaque de	30	»		» 24
Plaque de	37	»		» 28

On construit aussi des chambres noires pour des épreuves de 40 centimètres sur 50, de 50 sur 55, 60, 75, etc.

La chambre noire à soufflet, représentée fig. 24, est

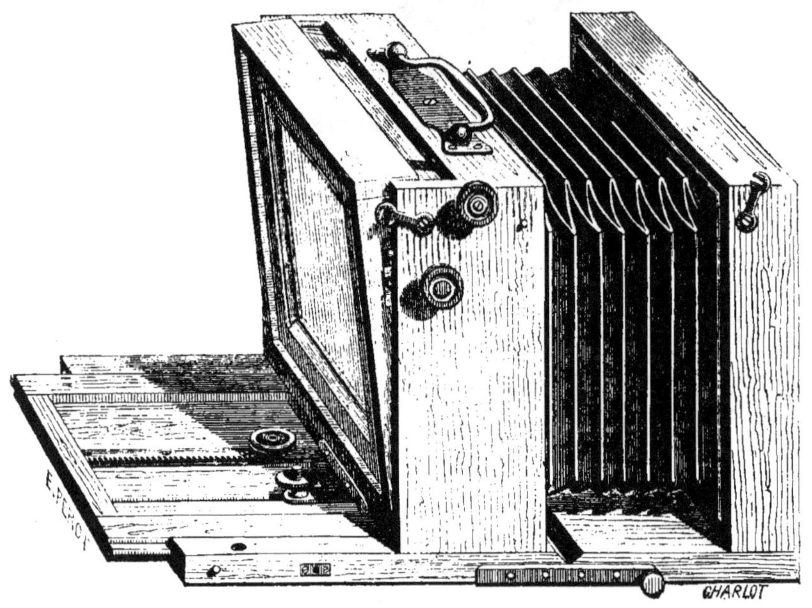

Fig. 24.

beaucoup plus transportable. Elle se compose aussi d'un coffre fixe, puis d'un soufflet portant un coffre mobile, auquel n adapte la glace dépolie ou les châssis.

Le soufflet étant fermé la base se replie ; une poignée permet de porter commodément la boîte. Un système d'arrêt maintient la chambre noire quand la base est abaissée. Cette base est à coulisse de façon à pouvoir s'allonger ou se raccourcir, afin de donner plus ou moins de développement à la chambre noire.

Le tirage se fait à l'aide d'un engrenage. Dans le modèle représenté, la glace dépolie est à bascule. Ce système est utile dans l'emploi des objectifs à court foyer, afin de mettre au foyer les objets placés sur les différents plans.

Pour les très-grands formats, on est obligé de faire les chambres noires à double soufflet. Ce système ne s'emploie guère que pour les ateliers. La fig. 25 donne très-bien l'idée de cette chambre noire et du pied qui la supporte. Comme on le voit, ce pied permet de donner à l'instrument tous les mouvements désirables. Dans ces grandes chambres noires, le châssis se fait avec fermeture à rideau ; ce système consiste à avoir une porte de châssis composée de demi-baguettes de bois collées sur une toile ; le tout s'enroule sur un cylindre placé à la partie supérieure du châssis ; par ce moyen, on manœuvre facilement l'ouverture ou la clôture du châssis.

Tels sont les principaux systèmes de chambres noires, mais on comprend que l'arrangement ou la forme de cet appareil peut varier à l'infini. Ainsi l'on fait des chambres noires doubles, c'est-à-dire portant deux objectifs. Les châssis de ces chambres noires peuvent eux-mêmes permettre de faire deux ou quatre épreuves. La figure 26 représente l'un de ces appareils au

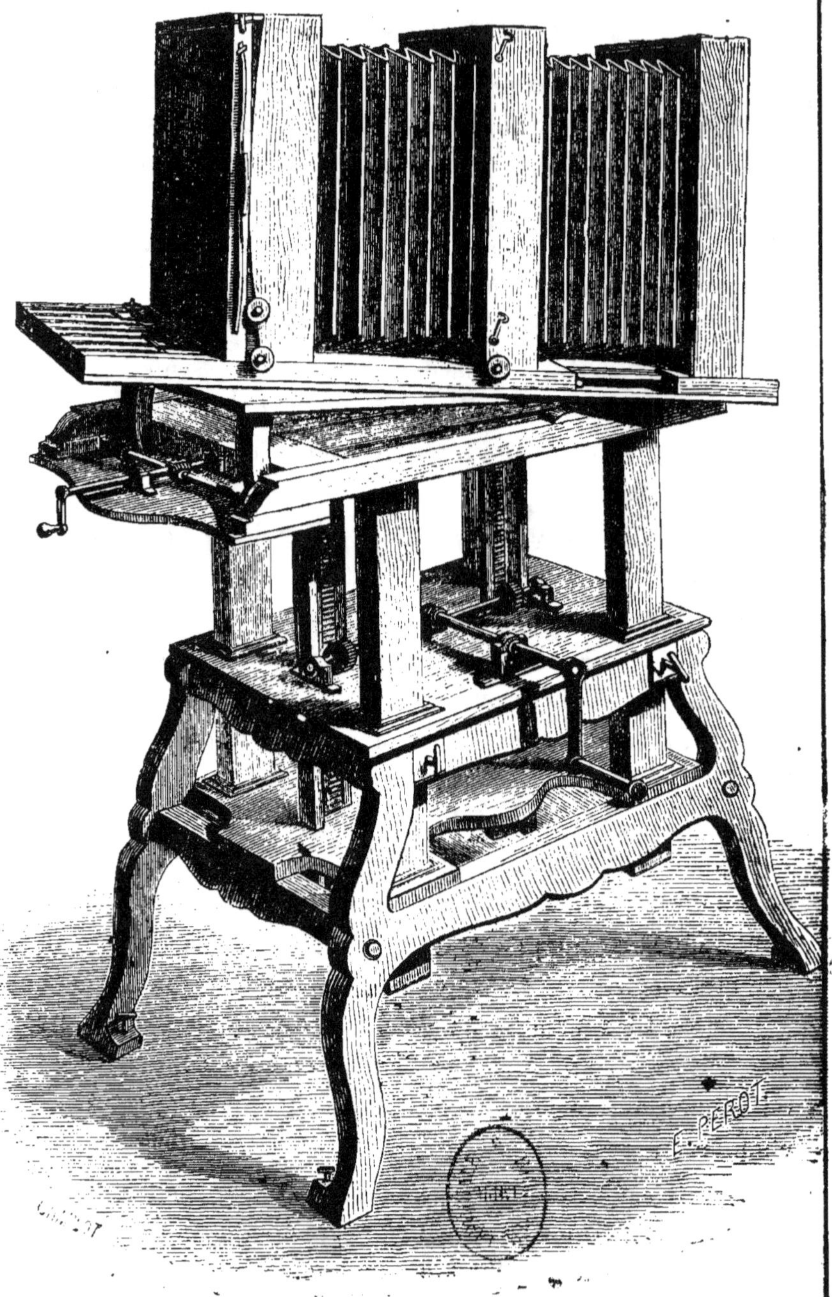

Fig. 25.

devant duquel on a appliqué un système de fermeture
instantanée.

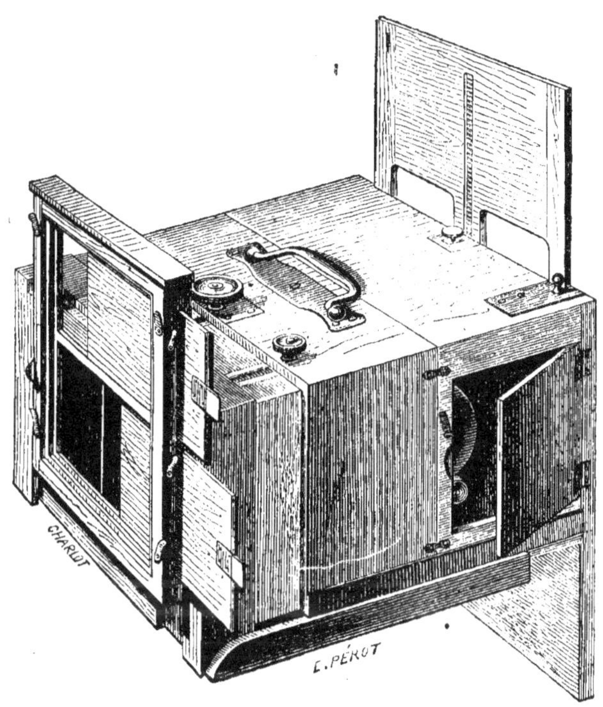

Fig. 26.

Les châssis qui s'adaptent aux chambres noires portent
une seule glace. Si l'on veut opérer sur format plus
petit, on ajoute un cadre spécial pour cet usage
Dans tous les cas, la glace doit reposer sur quatre
angles; mais on peut faire aussi des châssis portant
deux glaces. Ces châssis s'ouvrent à charnières par
le milieu, puis se ferment à l'aide de crochets;
de chaque côté, ils présentent une porte. Pour en
faire usage, il suffit, après avoir fait une épreuve,

de les retourner. Ce châssis est très-bon pour les petites chambres noires et pour l'usage du collodion sec.

Un autre châssis, parfait pour opérer en campagne sur papier ou collodion sec, est le châssis-portefeuille. Ce châssis se fait en carton mince ; il présente un cadre fermé par deux lames de carton entrant à coulisse. — Une des lames étant retirée, on place la glace dans un emplacement *ad hoc*, puis on referme. L'autre coulisse sert de porte au châssis-portefeuille qui, lui-même, se place dans un cadre en bois spécial. Rien de mieux que cet accessoire, car six châssis en carton se placent facilement dans une boîte plate et légère, et l'on peut ainsi, avec peu de bagage, faire des excursions photographiques.

Les chambres noires sont généralement munies d'un verre dépoli ; il est mieux d'y faire adapter une glace, car on est plus sûr de la mise au point.

On doit exiger dans une bonne chambre noire qu'elle soit faite en bois très-sec, que les mouvements s'exécutent facilement, surtout les volets ou portes des châssis. La glace dépolie doit correspondre rigoureusement à la glace du châssis, car sans cela on n'obtiendrait que des images confuses. Malheureusement un grand nombre de chambres noires présentent ce défaut, qui fait le désespoir des amateurs novices.

DES PIEDS

Le pied ou support pour poser la chambre noire varie dans sa construction, suivant qu'il est destiné à rester dans l'atelier, ou qu'il doit servir dans les excursions.

Les pieds d'appartement se font généralement en chêne, et ceux bien construits sont munis d'un engrenage permettant d'abaisser ou d'élever l'instrument. — A la partie supérieure du support, divers mouvements se trouvent adaptés pour mouvoir la chambre noire en tous sens.

Le pied de voyage représenté fig. 27 est le plus usité : ses branches sont à charnières, de façon à pouvoir se replier. La chambre noire s'y adapte soit à l'aide d'une vis ou d'une planchette.

On a fait un grand nombre de modèles de pieds de voyage ; les plus remarquables sont ceux à triangle métallique de Charles Chevalier. Ces modèles ont été perfectionnés par MM. A. Civiale, Humbert de Molard et Mailand.

La figure 28 représente le pied d'appartement. S'il s'agit de supporter de très-grands appareils, il faudra recourir à l'emploi d'un pied tel que celui de la fig. 25.

Nous avons cité ici les deux formes principales de supports, mais on en construit de différents modèles plus ou moins compliqués.

Un excellent genre de pieds d'appartement est celui en fer (modèle Langlois). — Les fig. 29 et 30 représentent ces supports.

DU CHASSIS POSITIF

L'ingénieux châssis de Brébisson, qui sert à obtenir

les épreuves positives, est représenté fig. 23. Il se com-

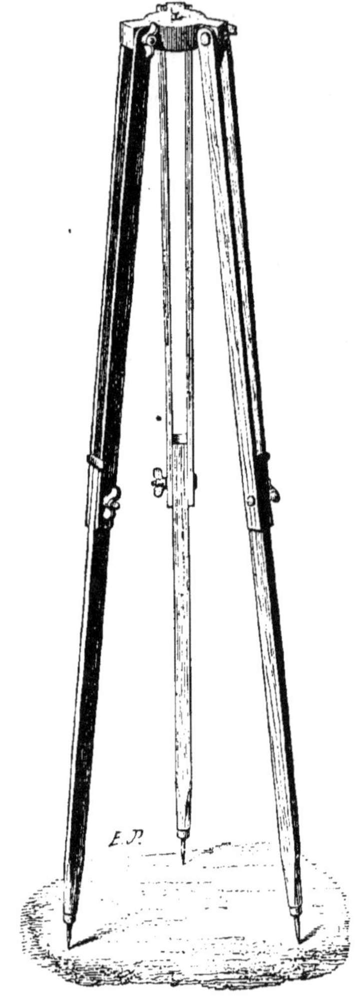

Fig. 27.

pose d'un cadre en bois, au fond duquel repose une
glace épaisse; sur cette glace on met l'épreuve néga-

tive du côté non impressionné; puis on applique la

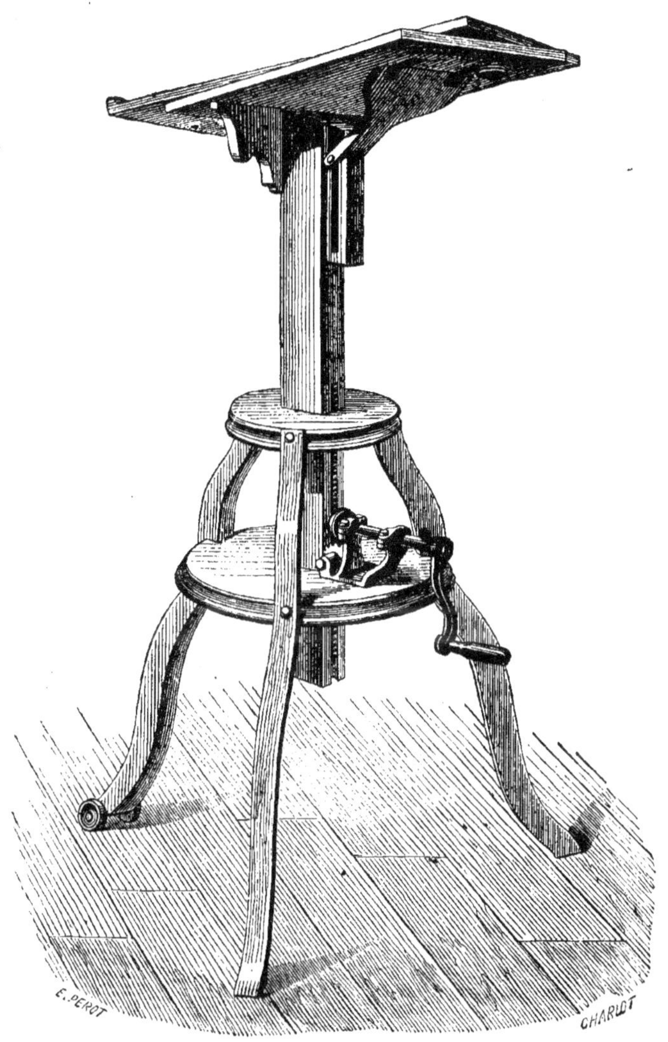

Fig. 28.

feuille positive sensible. — Une planchette à brisure

médiane se place sur le tout; et des lames de bois mu-

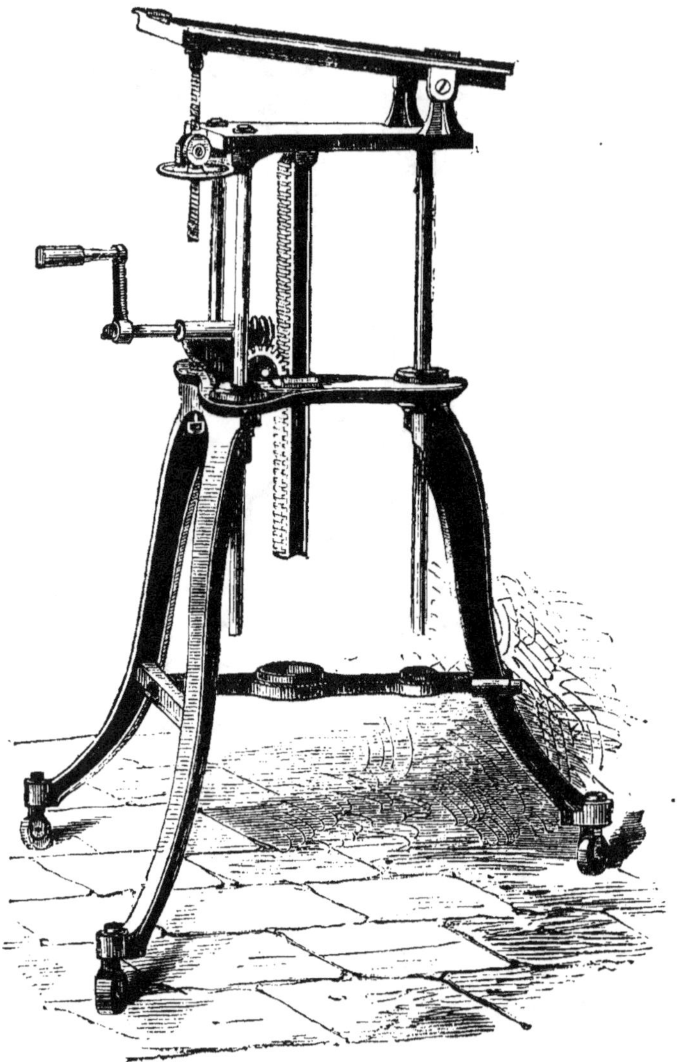

Fig. 29.

nies de ressorts et de crochets assurent la fermeture

du châssis que l'on expose à la lumière. — Si l'on veut visiter le progrès de la venue de l'épreuve, on enlève une des barres (comme le représente la figure), on sou-

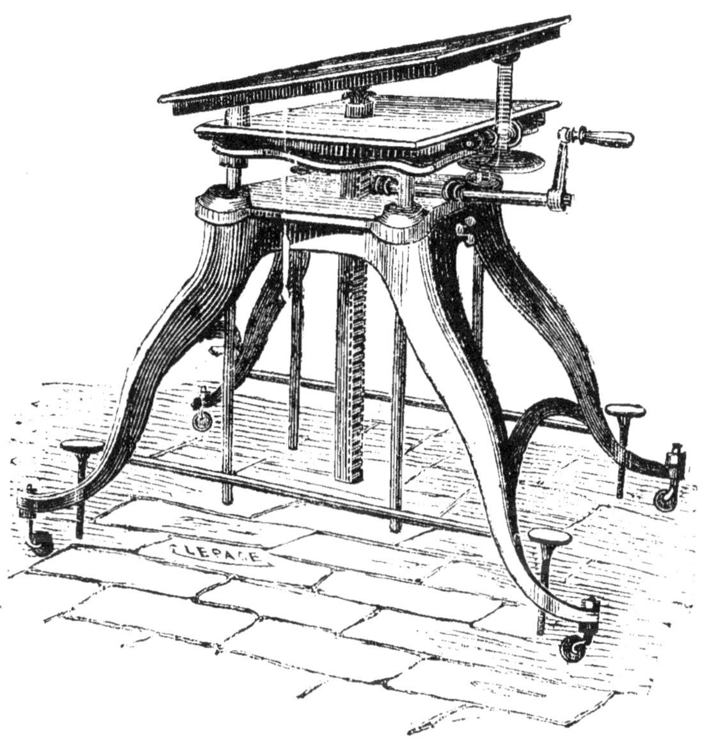

Fig. 30.

lève la planchette, puis la feuille, et dans un endroit un peu obscur, on regarde à quel point le dessin se trouve accusé. On peut donc suivre la venue de l'épreuve. Rien de mieux n'a été fait. Le châssis de Brébisson est donc d'un usage universel.

PLANCHETTE A POLIR

Un cadre muni de deux supports, dont l'un se meut

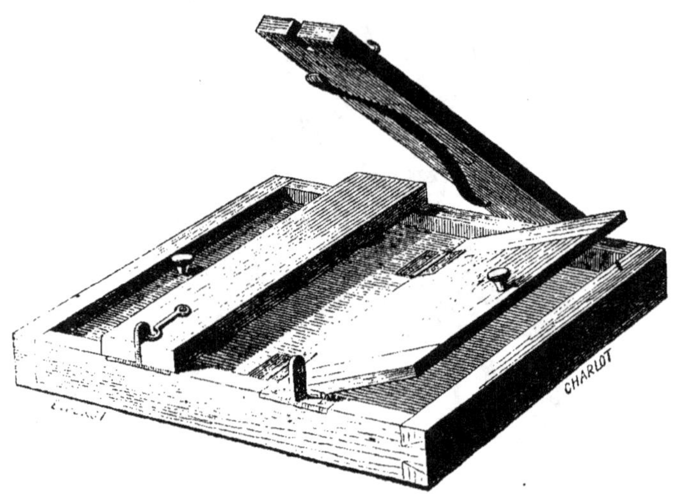

Fig. 31.

à l'aide d'une vis, représente la planchette destinée à tenir les glaces dans l'opération du polissage.

DES APPUI-TÊTE

Pour le portrait, il est indispensable d'avoir l'appui-tête, car sans s'en apercevoir on fait des mouvements qui nuisent à la netteté de l'image. — L'appui-tête le plus simple est représenté fig. 32. — Il s'adapte aux chaises et est d'un usage facile. Mais le mieux est certainement d'avoir un appui-tête et corps modèle Langlois, tels que ceux représentés fig. 33 et 34.

VERRES ET GLACES

Il serait inutile de nous arrêter longtemps sur ce sujet Dans tous les cas, on doit préférer la glace au verre,

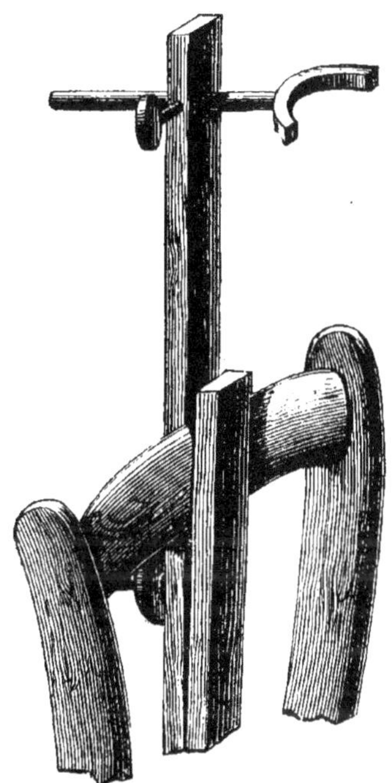

Fig. 32.

car le défaut de parallélisme du verre, les nombreux défauts qui s'y trouvent altèrent la beauté des épreuves. Les glaces et verres se renferment dans des boîtes à rainures (voir fig. 35.)

BALANCES

On devra préférer la balance à pédale, telle que celle

représentée fig. 36. Cependant, pour le voyageur, la balance à main (fig. 37) peut suffire. — Dans l'atelier, on

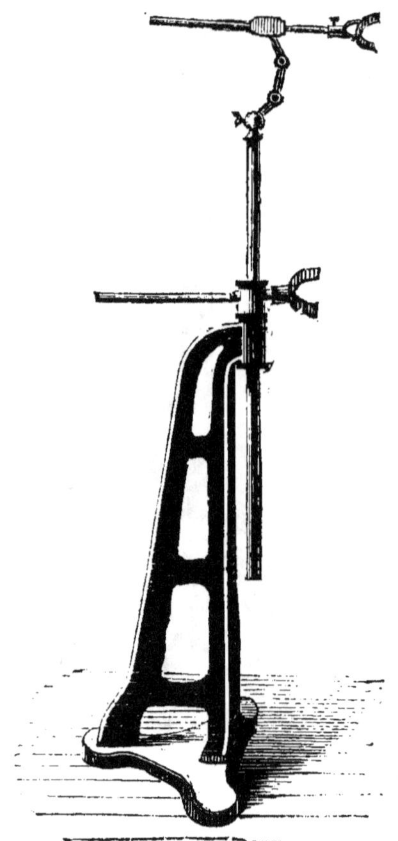

Fig. 33.

fera bien d'avoir une balance Roberval, comme celle (fig. 39), ou bien encore une balance à colonne (fig. 38).

CROCHETS

Pour retirer les glaces des cuvettes, on se sert de crochets en balcine (fig. 40), ou mieux en argent (fig. 41).

CUVETTES

Les bassines ou cuvettes destinées à contenir les liquides employés se font, soit en porcelaine, en gutta-

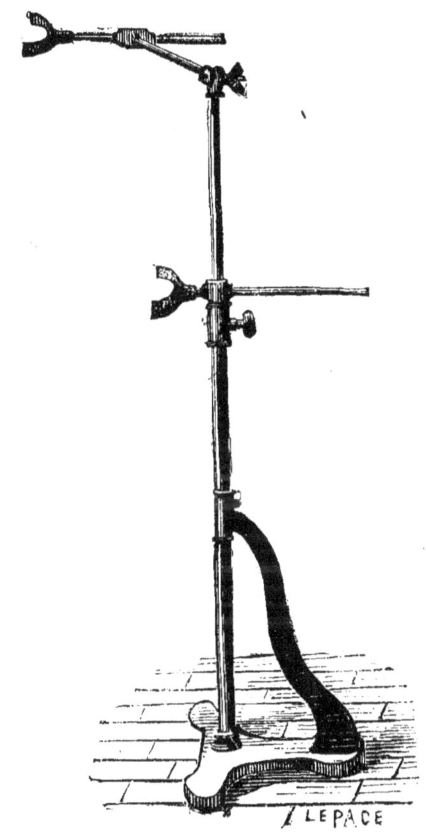

Fig. 34.

percha, ou en bois et verre. — Ces dernières cuvettes
sont parfaites, et nous ne saurions trop en recommander l'emploi. L'idée première de leur construction ap-

partient à M. le baron A. Séguier. On emploie souvent des cuvettes munies d'un recouvrement dans la partie

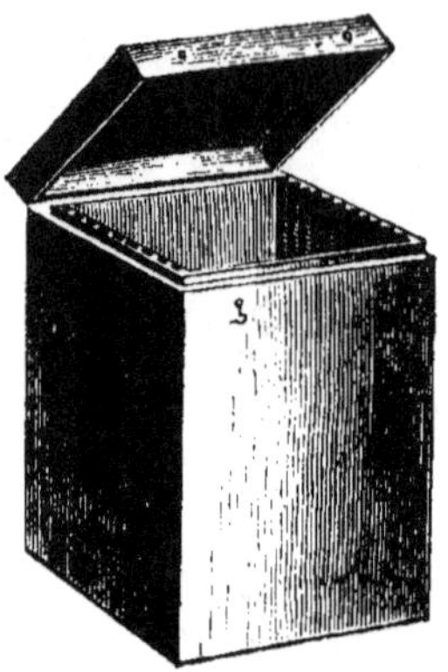

Fig. 35.

supérieure. En parlant des manipulations, nous les décrirons.

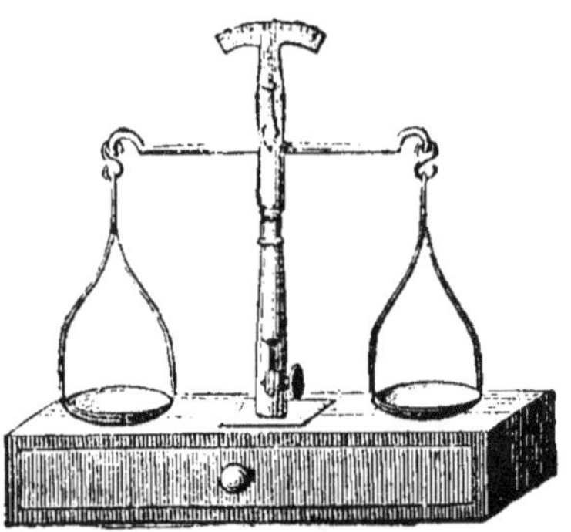

Fig. 36.

ACCESSOIRES DIVERS

Nous avons ici décrit les principaux objets; mais outre ceux-ci, il faut avoir à sa disposition certains ac-

cessoires qu'il nous suffira de nommer. Nous citerons
donc les supports Berthier pour développer l'image, les

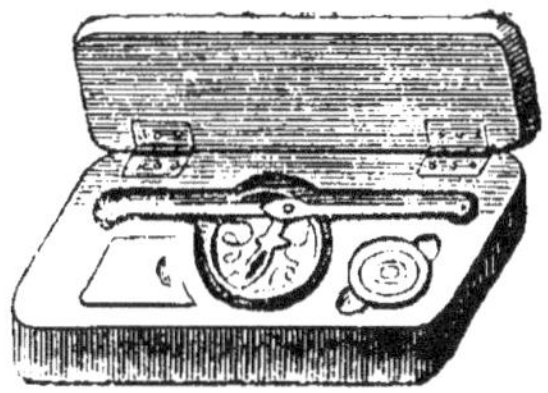

Fig. 37.

égouttoirs pour sécher les glaces ; puis encore les
lampes à alcool, les supports à entonnoirs (fig. 42), les

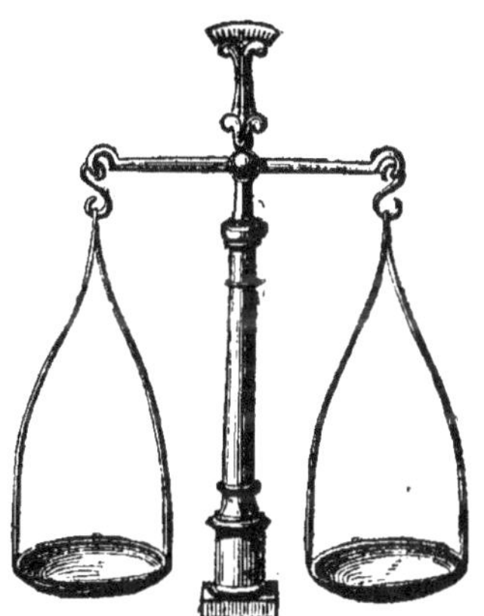

Fig. 38.

compteurs (fig. 43) ou les sabliers (fig. 44). On se pro,
curera aussi un certain nombre de flacons ronds ou carrés (fig. 45 et 46), des entonnoirs, des pissettes (fig. 47)
des verres à expériences (fig. 48), et différentes sortes
de papiers que nous citerons plus loin.

Certains accessoires moins utiles sont les alambics

pour distiller l'eau, les presses à satiner les épreuves.
Nous avons représenté (fig. 49) une presse à satiner, et

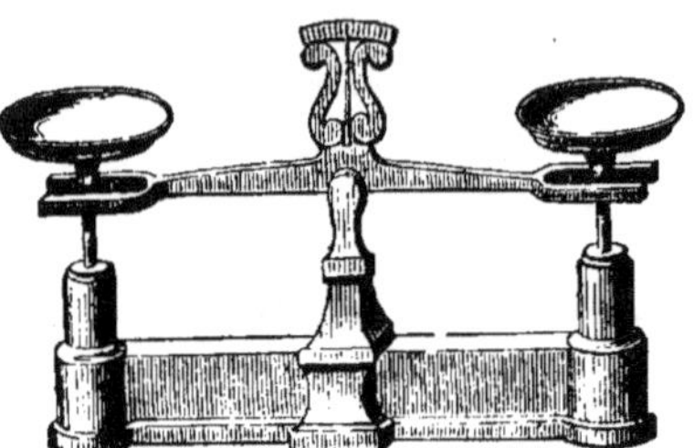

Fig. 39.

(fig. 50) un modèle spécial pour lisser les cartes de visite.

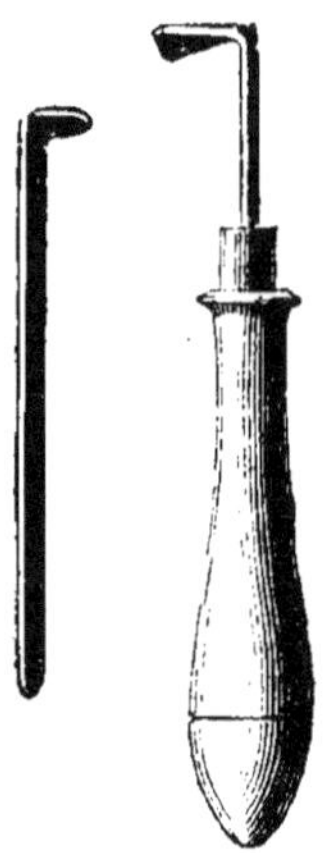

Fig. 40 et 41.

APPAREILS

La réunion de tous les objets utiles pour la photographie constitue l'appareil photographique (fig. 51). Nous
allons donner ici la liste de ce que doit contenir un ap-

pareil complet. Dans deux boîtes solides avec cases on doit avoir :

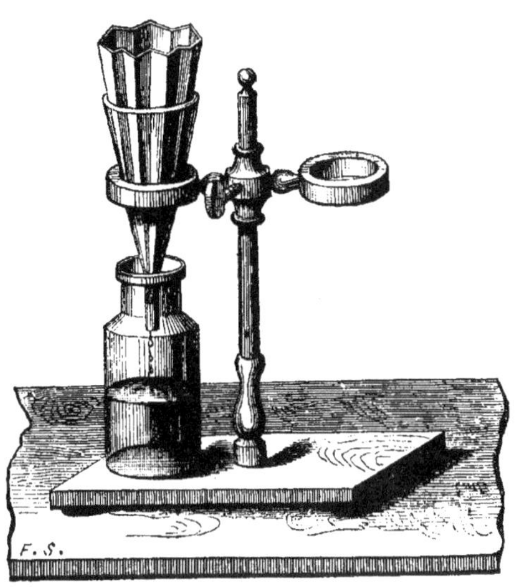

Fig. 42.

1 Objectif double à portraits (A) (1) ;

1 Objectif simple à paysages (B) ;

1 Boîte pour les objectifs ;

1 Chambre noire en noyer à base à charnières, à coffre ou à soufflet ;

2 Châssis avec cadres pour opérer au-dessous de la grandeur. On peut aussi ajouter à cette chambre noire des châssis en carton pour le collodion sec ;

Plusieurs boîtes à rainures destinées à serrer les glaces et les verres ;

(1) On peut remplacer les objectifs A et B par un objectif C à 3 verres.

1 Support carré à vis calantes pour poser les glaces afin de les vernir, etc.;

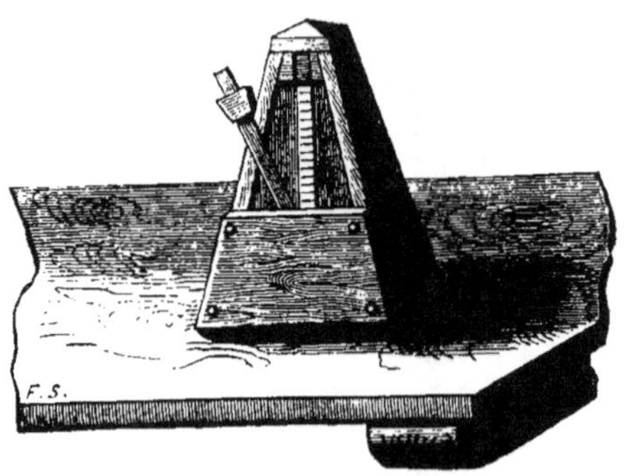

Fig. 43.

1 Niveau ;
1 Balance à main ou à pédale avec sa série de poids ;

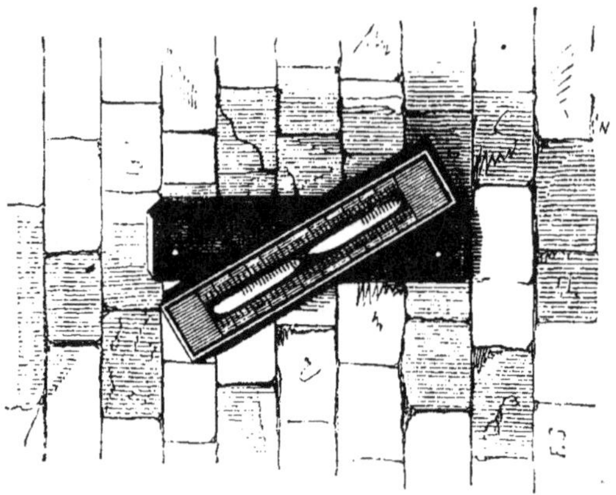

Fig. 44.

2 Cuvettes en porcelaine ;
2 Cuvettes en gutta-percha ;
1 Cuvette à recouvrement en bois et verre ;
1 Mesure graduée en cristal de 250 grammes ;

1 Mesure graduée en cristal de 1 à 16 grammes ;
1 Châssis positif de Brébisson ;

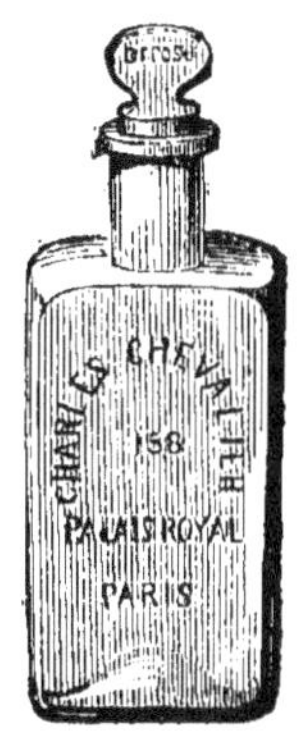
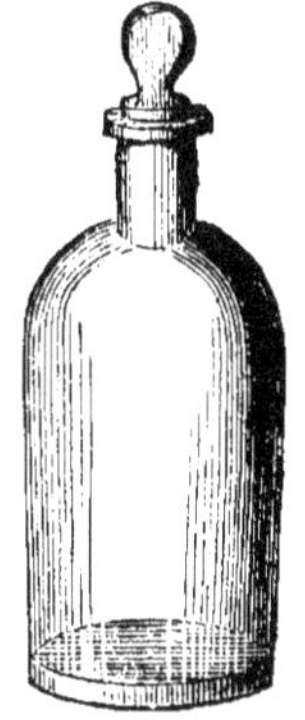

Fig. 46.   Fig. 45.

Du papier positif, buvard, à filtrer ; du papier jaune
pour garnir les croisées du laboratoire ;

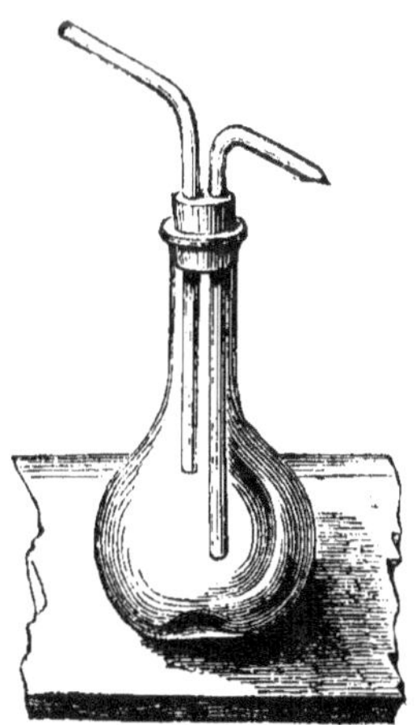

Fig. 47.

1 Pied de voyage ;
1 Appui-tête pour chaises ;

1 Support pour développer ;
1 Planchette à polir;

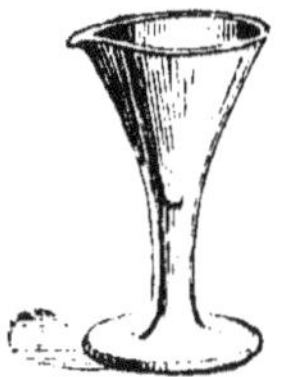

Fig. 48.

1 Blaireau ;
2 Pinceaux ;

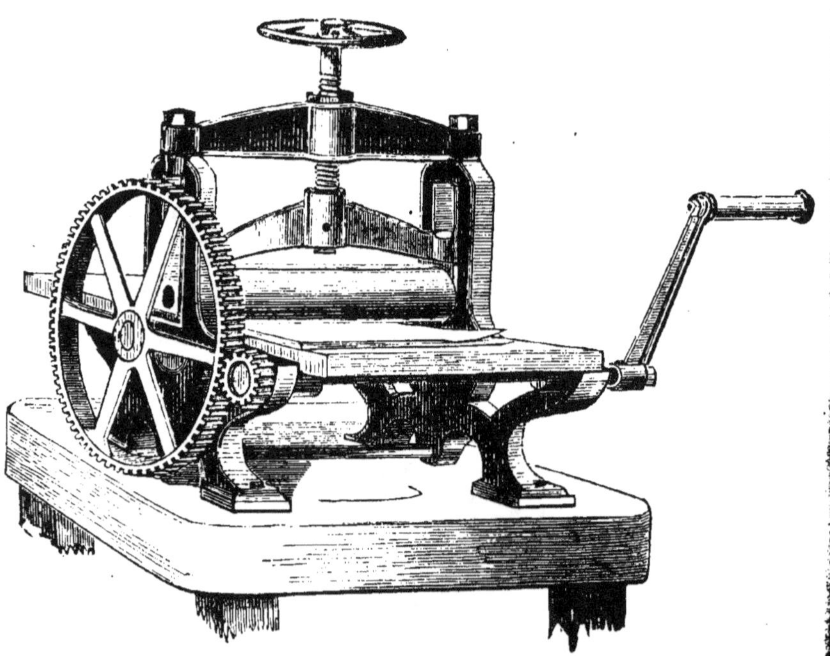

Fig. 49.

2 Crochets d'argent ;
1 Mortier avec pilon ;

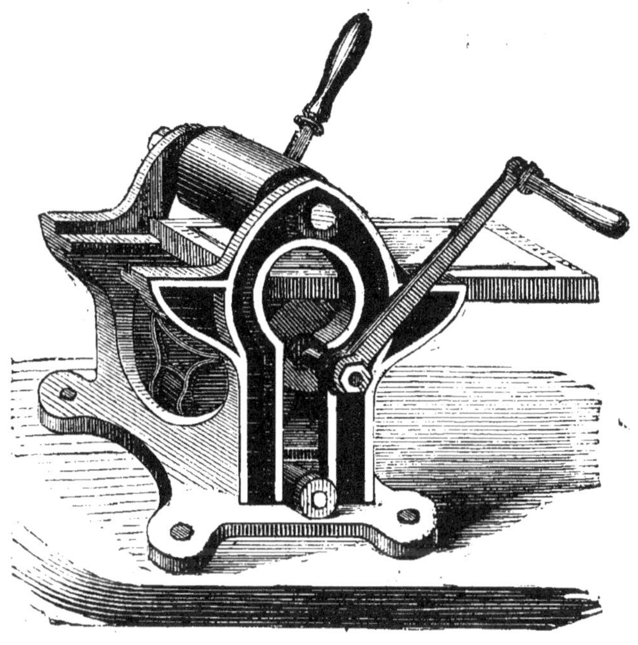

Fig. 50.

1 Paquet de coton ;
Des Entonnoirs en verre ;
8 ou 10 Flacons pour les mélanges.
12 Flacons contenant les sels et substances.
Des Baguettes en verre.
Les Flacons devront avoir des étiquettes vitrifiées.

Les objets indiqués peuvent servir à opérer sur collodion humide ou sec, et aussi sur albumine. Si l'on désirait opérer sur papier sec, il faudrait ajouter à l'appareil :

Des Produits chimiques;

Des Flacons pour les mélanges;

1 Bassine à cirer en plaqué d'argent;

1 Bain-marie;

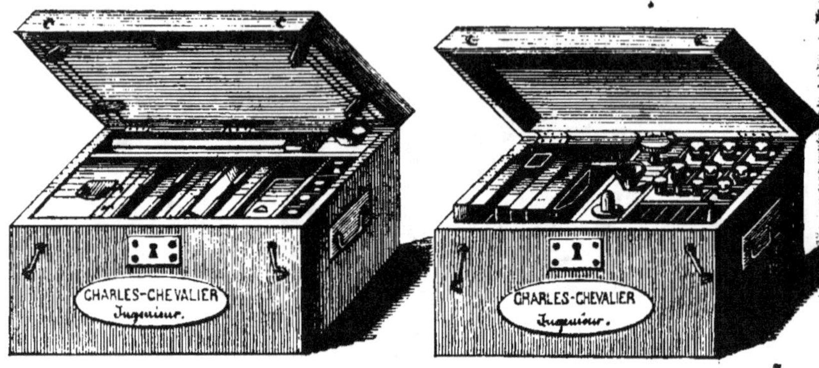

Fig. 51.

1 Fer à décirer;

1 Carton buvard à portefeuille;

Tels sont les objets qui doivent être contenus dans un appareil complet.

DES SUBSTANCES CHIMIQUES

EMPLOYÉES EN PHOTOGRAPHIE

Les substances chimiques que l'on emploie, doivent être de la plus grande pureté. Nous allons donc donner ici quelques conseils sur l'aspect que doivent présenter les produits et sur les moyens de reconnaître leur qualité.

ACIDE ACÉTIQUE

L'acide acétique cristallisable doit être préféré à l'acide pyroligneux. Chauffé sur une lame de platine, il ne doit pas laisser aucun résidu. Il doit être incolore et ne doit pas non plus se troubler lorsqu'on l'additionne d'eau distillée.

ACIDE NITRIQUE OU AZOTIQUE

On emploie rarement l'acide azotique du commerce pour aciduler les bains, car il n'est pas assez pur. On doit donc se servir d'acide azotique à 40 degrés. Il ne doit pas laisser de résidu lorsqu'il est chauffé sur la lame de platine : on emploie aussi les acides chlorhydrique et sulfurique qu'il est assez facile de se procurer très-purs.

5.

AMMONIAQUE

Cette substance s'emploie peu en photographie et telle qu'on la-trouve elle peut servir.

ACIDE GALLIQUE

Ce sel, comme on le sait, est extrait de la noix de galle. Il sert comme réducteur pour les épreuves sur papier et sur albumine. Il doit être cristallisé et presque blanc. Il doit être soluble dans l'alcool. L'acide jaune n'a pas été suffisamment lavé; on ne doit pas l'employer.

ACIDE PYRO-GALLIQUE

En chauffant l'acide gallique, on produit l'acide pyrogallique obtenu par le savant M. Regnault; cet acide, souvent impur, doit être blanc, cristallisé en houppes, et soluble dans l'alcool.

AZOTATE D'ARGENT

Ce sel est souvent falsifié; on le trouve cristallisé et fondu. Dans ce dernier état on est plus sûr de l'avoir pur, et surtout non acide. Le nitrate pur doit se dissoudre parfaitement dans l'eau distillée sans laisser de résidu.

IODURES ET BROMURES

On utilise en photographie les iodures et bromures de potassium, de cadmium, d'ammoniaque, de zinc. Ces sels se trouvent assez purs dans le commerce. Nous n'indiquerons donc aucun réactif pour les essayer.

ALCOOL

On doit, pour faire le collodion, employer toujours de l'alcool rectifié à 40 degrés, on comprend que l'emploi du pèse-alcool peut seul faire connaître sa densité ; l'eau distillée ne doit pas troubler l'alcool pur.

ÉTHER

On emploie l'éther sulfurique en photographie ; on se sert généralement de celui à 62 degrés. L'éther que l'on trouve chez les bons fabricants est pur et sans mélange d'alcool ni d'eau, on n'a donc pas besoin de vérifier ce produit. Nous nous servons toujours de l'éther provenant de la maison C. Deroche et Morin.

EAU

On sait que pour l'usage photographique, il ne faut employer que de l'eau distillée. L'eau bien distillée ne doit pas se troubler lorsqu'on y ajoute une solution d'azotate d'argent. C'est le meilleur réactif à employer. On se procure dans les grandes villes l'eau distillée à bas prix. A défaut d'eau distillée on pourra se servir d'eau de pluie filtrée. Dans les voyages lointains on est obligé de se munir d'un alambic pour distiller soi-même l'eau qui sert aux expériences.

CHLORURE D'OR. — CHLORURE DE PLATINE

Ce sel est jaune, orangé et acide; associé à un autre chlorure, il est neutre. Il est meilleur dans cet état. Il en est de même du chlorure de platine.

FULMI-COTON OU COTON-POUDRE

Le fulmi-coton est souvent mal lavé, et alors il est impossible de le dissoudre parfaitement. Le coton-poudre pur se dissout très-bien dans l'éther alcoolisé, et ne laisse aucun résidu lorsqu'il est brûlé.

CYANURE DE POTASSIUM

Nous n'indiquerons rien à l'égard de ce sel, si ce n'est qu'il doit être complétement rejeté. Il ne sert à rien, et peut donner lieu à des empoisonnements d'une nature on ne peut plus grave. On ne doit donc jamais se laver les mains avec ce produit, sous prétexte qu'il enlève bien les taches d'azotate d'argent.

HYPOSULFITE DE SOUDE

Voici un sel indispensable en photographie, et que l'on falsifie dans beaucoup d'endroits. Il doit se présenter en gros cristaux transparents et se dissoudre parfaitement dans l'eau. Sa solution ne doit pas précipiter le nitrate de baryte. On peut aussi s'assurer de la pureté de ce sel en prenant 5 décigrammes de teinture alcoolique d'iode et les versant dans une solution d'hyposulfite de 1 gramme sur 10 d'eau distillée. La liqueur doit devenir incolore en quelques instants.

—

Nous avons ici indiqué les principaux produits; on se sert aussi d'autres substances, mais, en somme, comme on ne peut prendre la peine de tout analyser, le mieux est de se procurer les produits dont on a besoin dans des maisons recommandables.

DU LABORATOIRE ET DE L'ATELIER

—

Que le lecteur ne s'effraye pas, car ce soi-disant laboratoire doit être tout simplement un cabinet, éclairé autant que possible par deux petites fenêtres placées en face l'une de l'autre, et qui, closes par des vitres transparentes, peuvent aussi se fermer par-dessus ces dernières à l'aide d'un châssis garni en verre jaune.

Autour du laboratoire on établit une planche servant de table, et au-dessus on dispose des tablettes destinées à recevoir les flacons, vases, etc., qui servent aux expériences.

Le tout, en photographie, est d'être soigneux; si, par malheur, on est *brouillon* (qu'on nous passe l'expression), on devra s'abstenir et ne pas s'occuper d'une chose qui demande, avant tout, un soin extrême et une propreté poussée jusqu'à l'excès.

D'un côté du laboratoire on installe la cuvette à bain d'argent, puis à l'opposé on dispose les objets nécessaires à l'apparition de l'épreuve. Entre ces deux installations, on place la cuvette contenant le bain de fixage.

Pour l'apparition, on fera bien de faire construire une large cuvette en bois de forme carrée et à parois inclinées. Cette cuvette, percée au milieu, communique à un seau ou à un conduit par lequel les liquides peuvent s'écouler. Au-dessus de cette cuvette, il sera bon d'avoir un robinet communiquant avec un réservoir, de façon à avoir de l'eau à volonté.

Si l'on ne peut adopter cette disposition, on fera en sorte d'avoir près de soi un pot plein d'eau, ou un moyen quelconque d'avoir de l'eau à sa portée.

On conçoit qu'il est impossible d'assigner des règles fixes à l'égard de l'organisation d'un laboratoire; cela dépend de l'emplacement et d'une foule de considérations que l'on ne peut préciser.

Il y a cependant des règles principales à observer, et elles se résument ainsi :

Il faut que les opérations du fixage, de l'apparition et de la sensibilisation de l'épreuve se fassent loin les unes des autres, de façon à éviter les taches et les déceptions qui ne manqueraient pas d'arriver sans ces précautions. Le reste consiste dans une affaire d'installation particulière à chacun, et ce serait du pur verbiage que de vouloir tracer à ce propos des données fixes et invariables.

Le polissage, qui se fait en plein jour, pourra être effectué où l'on voudra, dans un endroit propre et sec.

Pour l'atelier de pose, c'est différent : il faut absolument avoir un endroit très-bien éclairé au nord, vitré et garni de stores, de façon à modifier la lumière à volonté. Savoir éclairer un modèle, c'est être artiste, cela ne s'apprend pas. Vouloir faire des portraits dans une chambre est chose illusoire. Aussi nous ne nous arrêterons pas sur ce sujet.

Nous ne parlerons pas ici des meubles, draperies, accessoires qui peuvent servir dans un atelier, tout cela est affaire de goût; chacun s'arrangera donc à sa façon en cette occasion.

RÈGLES SUR LA REPRODUCTION

DES

PAYSAGES, MONUMENTS, GRAVURES, ETC.

Heures de la journée. — État de l'atmosphère. —
On a remarqué que les heures du matin et de l'après-
midi présentaient une notable différence sous le rapport
des effets produits. En effet, on opère beaucoup plus
vite le matin que dans le milieu de la journée; cependant, nous avons cru reconnaître que les épreuves faites après deux heures sont plus harmonieuses; la dégradation des teintes est mieux sentie, les détails plus
parfaits; nos plus beaux résultats ont été obtenus de
trois à cinq heures. En hiver, il vaudra mieux sans
doute faire les expériences le matin; mais, en été,
le soleil est trop ardent; vers midi, ses rayons tombent
trop perpendiculairement sur les objets et les inondent
de lumière; c'est alors qu'on risque d'obtenir des épreuves complétement *solarisées*. En général, il faut attendre
que les rayons lumineux viennent frapper les corps
presque horizontalement; les ombres sont toujours
mieux accusées, les demi-teintes moins confuses et les
plans plus distincts.

L'état de l'atmosphère exerce une grande influence sur les opérations photogéniques.

Si le temps est gris et brumeux, si les plans reculés d'un paysage sont voilés par le brouillard, il est inutile de tenter une expérience, on n'obtiendrait aucun bon résultat. Pendant les fortes chaleurs de l'été, le rayonnement terrestre donne aux objets une apparence toute particulière; ils semblent agités d'un tremblement continuel, les lignes droites sont brisées et paraissent ramper sur l'horizon; c'est un phénomène identique à celui que l'on observe quand on regarde un objet à travers les vapeurs qui s'élèvent d'un fourneau allumé. Plus on se rapproche de la terre, plus cet effet est marqué; on conçoit sans peine que cette oscillation est un obstacle au succès. On peut faire de bonnes épreuves durant un temps d'hiver froid et sec; mais alors on est exposé à un autre inconvénient qui n'atteint, il est vrai, que la photographie sur plaque, mais que nous devons néanmoins signaler.

La lumière réfléchie par des nuages blancs est préférable au rayonnement direct du soleil. Ces remarques générales sont applicables à tous les objets inanimés; toutefois, il faut les modifier dans certaines circonstances, que l'expérience indiquera mieux que des préceptes.

Il y a encore quelques règles particulières à observer quand on copie un monument, un paysage ou des objets d'art disposés en groupe.

Pour reproduire un *monument*, il faut pouvoir se placer à une certaine distance du modèle et au niveau du centre de l'élévation. L'intervalle qui existe entre la chambre obscure et l'édifice doit égaler environ deux ou trois fois la hauteur de ce dernier. Si l'on se plaçait trop près et sur le sol, on ne pourrait obtenir que la moitié inférieure du monument, et si l'on inclinait la chambre obscure de manière à comprendre la totalité du modèle dans le champ de la glace dépolie, les parties les plus élevées ne seraient pas nettes et la masse entière semblerait tomber à la renverse. Règle générale : *autant que possible, l'objectif doit être parallèle au plan du modèle.*

Si l'édifice qu'on cherche à reproduire est blanc ou récemment construit, la lumière diffuse sera préférable aux rayons solaires directs. Sous l'influence d'une lumière trop vive, on a presque toujours à craindre, en pareille circonstance, de *solariser* les épreuves.

Mais, lorsque la couleur du monument est sombre, et surtout quand les détails sont d'une grande richesse, il faut, autant que possible, attendre que le soleil l'éclaire presque horizontalement.

Il faut éviter de réunir sur la même épreuve des édifices neufs ou recrépis et de vieilles constructions, surtout quand ces dernières forment le sujet principal du tableau. Le temps nécessaire à la reproduction des objets lumineux serait dépassé de beaucoup avant que la lumière eût traduit sur l'épreuve tous les détails des vieux bâtiments, et, d'une part, on n'aurait que des masses confuses, tandis que de l'autre on ne distinguerait qu'une silhouette sans détails. Lorsqu'un monument, une réunion d'édifices présentent plusieurs plans, toutes leurs images ne se peignent pas avec la même netteté sur la glace dépolie, en raison de la multiplicité des foyers. Il faudra donc choisir un terme moyen pour la mise au point et se régler sur une partie située vers le centre de la perspective.

Le *paysage* sera copié pendant un jour pur et calme ; le moindre vent agite les eaux et le feuillage des arbres ; les premières perdent leur transparence sur l'épreuve, tandis que les autres forment des touffes sombres et cotonneuses qui nuisent singulièrement à l'effet général. Rien n'est plus admirable qu'une belle perspective reproduite au moyen de la photographie ; mais il faut bien se garder de vouloir donner la même netteté aux premiers et aux derniers plans ; ce serait dévoiler une ignorance complète des plus simples notions artistiques. Les lointains doivent se fondre en quelque sorte avec l'horizon, et toute la vigueur sera réservée aux plans antérieurs. C'est donc sur ces derniers qu'on se réglera pour la mise au point.

Autant que possible, on choisira un objet à tons chauds et vigoureux pour en former le premier plan. Il agira, suivant l'expression artistique, comme repoussoir, donnera de la solidité au tableau et augmentera l'effet des lointains et la lumière des plans moyens.

Les groupes d'objet d'art forment des tableaux trèsgracieux et sont faciles à reproduire. Qu'on ne s'imagine cependant pas qu'il suffise de les placer au hasard sur une table : ils doivent être disposés dans le même plan sur des tablettes ou accrochés contre un mur recouvert de tapisserie de laine ou de soie tendue ou élégamment drapée. On cherchera les oppositions en plaçant les objets d'un blanc mat à côté de ceux qui réfléchissent la lumière ou dont la couleur est sombre. Il est facile de varier les teintes en colorant des plâtres de différentes manières. Un fond blanc ne ferait pas ressortir les statuettes et les objets brillants; un rideau bleu foncé ou violet produira un fort bon effet. On ne saurait choisir de meilleur modèle en ce genre que les belles épreuves de M. Hubert et du baron Séguier. Ce dernier a bien voulu nous donner un de ses groupes qui, bien qu'exécuté depuis fort longtemps et par les anciens procédés, excite toujours l'admiration des artistes.

Choisit-on pour modèle un buste ou une statuette isolée, on obtiendra un effet admirable en plaçant l'objet devant un rideau noir bien tendu. Mais il faut que l'étoffe soit d'un noir bien mat, car la moindre réflexion produirait un clair sur l'épreuve et l'effet serait manqué. Le velours est préférable à toutes les autres étoffes.

Les groupes se font en plein air dans un jardin ou sur une terrasse; cependant, on peut opérer dans un atelier, en faisant arriver la lumière sur l'objet par un large châssis.

REPRODUCTION DES OBJETS ANIMÉS. — PORTRAITS.

La lumière diffuse est de beaucoup préférable aux rayons solaires et pour le modèle et pour l'opérateur. Le modèle peut tenir les yeux plus immobiles, parce que leur sensibilité n'est pas exaltée par les réflexions des corps environnants. L'opérateur ne craint pas de voir certaines parties de son épreuve *solarisées*, tandis que d'autres manquent de vigueur : les demi-teintes sont mieux accusées, et, par conséquent, les traits du visage mieux modelés.

Nous allons exposer méthodiquement la marche qu'il faut suivre pour obtenir de beaux portraits.

1° *Emplacement*. — On se placera sur une terrasse ou dans un jardin dont l'exposition soit telle, que la lumière y parvienne directement à toutes les heures de la journée. Quelques artistes ont fait construire des tentes dont les rideaux mobiles permettent d'éclairer le sujet à volonté. D'autres, et c'est le plus grand nombre, se contentent de dresser derrière leur modèle un paravent ou fond qu'ils recouvrent d'étoffes variées.

Quand on opère dans un jardin, on évitera de se placer sous des massifs d'arbres dont le feuillage absorbe une grande quantité de lumière.

2° *Vêtements*.— Les hommes peuvent conserver leurs vêtements ordinaires.

Les dames éviteront de se vêtir de robes blanches ou claires ; une étoffe de soie noire, de couleur foncée ou à larges dessins, produit un effet très-harmonieux. Néanmoins, il ne faut pas proscrire le blanc d'une manière absolue ; les manchettes placées dans la demi-teinte, les dentelles ou guipures disposées avec art, forment parfois de très-heureuses oppositions.

3° *Fond*.— Beaucoup de personnes préfèrent un fond

blanc, bien que l'effet soit plus artistique lorsqu'on emploie un champ d'une teinte foncée. Il est facile, au reste, de se rendre compte de cette préférence. Pour qu'un portrait ressorte bien sur un fond obscur, il faut que la réussite soit parfaite ; le défaut de netteté, une teinte mal accusée, etc., en voilà bien plus qu'il n'en faut pour que le portrait ne se détache pas, tandis qu'avec un fond blanc l'épreuve est nécessairement bien mauvaise si la silhouette n'est pas distincte. Néanmoins, quelle que soit la teinte que l'on adopte, il ne faudrait pas placer une tête de vieillard ou une dame coiffée d'un bonnet blanc devant un fond clair ; les cheveux et le bonnet se confondraient nécessairement avec le champ du portrait, et l'épreuve serait confuse.

Quelquefois on accroche au fond des gravures ou des plâtres moulés ; souvent aussi, on place à côté du modèle une table ornée de fleurs et d'autres objets de fantaisie. Mais, tout en cherchant à composer un ensemble pittoresque, il ne faut jamais oublier que les accessoires ne doivent pas distraire l'attention du sujet principal, et qu'un bon portrait peut être écrasé par les richesses de mauvais goût qui l'environnent.

ÉCLAIRAGE.

L'appareil chambre noire ne doit jamais être placé en face du soleil ; les flots de lumière émanés de cet astre tombant sur l'objectif éteindraient nécessairement celle qui ne serait que réfléchie par des objets plus ou moins éclairés.

Règle générale. — On choisira toujours l'heure de la journée ou la position qui permettra de placer l'appareil entre l'objet et le soleil; si l'on ne peut remplir cette condition, il faudra, au moins, que cet astre se trouve à droite ou à gauche de l'opérateur.

Nous avons déjà dit que la lumière devait arriver presque horizontalement sur le modèle, car il faut éviter que les ombres portées soient trop fortes. Ainsi, le nez projette quelquefois une ombre trop prononcée sur la joue, les orbites sont entièrement privées de lumière par la saillie des arcades sourcilières, surtout lorsque le soleil est encore assez élevé au-dessus de l'horizon. On a conseillé de détruire cet effet en réfléchissant les rayons lumineux sur la face, de bas en haut, au moyen d'un corps blanc ou poli; ce procédé est bon ; mais, autant que possible, il vaut mieux faire tourner ou relever la tête au modèle, jusqu'à ce que ces ombres désagréables disparaissent entièrement. Mais il ne faudrait pas imiter certains faiseurs de portraits, qui exagèrent tellement ce principe qu'ils semblent avoir voulu reproduire la face en raccourci. D'ailleurs, on a moins à craindre de voir les ombres se prononcer trop fortement, lorsqu'on fait usage d'un verre bleu ou d'un store de même couleur tendu sur un châssis. Bien que l'action de la lumière sur la plaque soit à peine modifiée par l'écran, ce voile procure néanmoins un grand soulagement. Il est important que le store couvre toutes les parties que l'on veut reproduire, ou bien l'on risque de solariser celles qui se trouvent placées en pleine lumière.

Pour éviter les ombres projetées sur le fond par l'écran et par le modèle, il faut placer ce dernier à environ un mètre du fond.

Le siége, solide et sans coussin élastique, sera garni à sa partie postérieure d'une tige solide en fer ou en bois, portant à son extrémité supérieure un quart de cercle destiné à recevoir l'occiput et à maintenir la tête immobile. La branche ascendante doit être à coulisse, pour qu'on puisse l'allonger ou la raccourcir suivant la taille des personnes. Toutes ces pièces seront disposées de manière à être complétement cachées par le modèle. Il est surtout important que la personne qui pose se place naturellement et n'éprouve aucune gène : autrement elle ne pourrait rester immobile, et l'épreuve serait manquée. Les mains doivent être rapprochées du corps pour se trouver sur le même plan que la tête, mais il ne faut cependant pas leur donner une position disgracieuse. Si le modèle s'asseyait directement en face de l'appareil, les jambes seraient trop avancées et leur image ne serait pas nette; il faut que le corps entier soit un peu de profil. Plus les yeux sont levés vers le ciel, plus ils viennent brillants sur l'épreuve : aussi voit-on bon nombre de portraits qui ont l'air d'avoir été faits pendant un moment d'extase de l'original. Les portraits de face ont un aspect désagréable, il vaut encore mieux les faire de profil; mais on préfère généralement la pose de trois quarts, modifiée suivant le goût de l'artiste.

Quelquefois on compose des groupes de personnages

dont l'aspect est assez singulier, quoique ces tableaux manquent souvent de vérité et d'animation. Il faut alors éloigner la chambre noire. Les personnages seront beaucoup plus petits, mais les différences de plans seront moins sensibles et l'on pourra varier davantage les positions des sujets. On doit éviter surtout que l'ombre projetée par un des modèles ne nuise à son voisin, car on n'en verrait que la silhouette sur l'épreuve.

PROCÉDÉ

AU COLLODION HUMIDE

CHOIX ET NETTOYAGE DES GLACES

La glace doit être préférée au verre, car non-seulement le verre se nettoie moins facilement et présente une foule d'impuretés, telles que raies, bulles, aspérités, etc., mais, comme il n'est point parfaitement plan, il casse facilement par la pression dans les châssis positifs, et tout photographe soigneux devra le rejeter.

Le nettoyage ou polissage de la glace est une des conditions essentielles pour arriver à un bon résultat, et l'on peut dire qu'il est de moitié dans la réussite d'un négatif; je ne saurais donc trop insister sur le soin à apporter à cette première opération, considérée parfois trop légèrement par les commençants. Qu'ils se persuadent bien que la plupart des taches, que le collodion qui se soulève ou se déchire, que les poses trop longues, les images voilées et bien d'autres déboires qu'on a peine à s'expliquer, prennent leur source dans un nettoyage incomplet. J'indiquerai le moyen le plus simple et que je crois le meilleur pour arriver au but.

Quand une glace est entièrement neuve, il suffit, comme premier nettoyage, de la plonger une heure environ dans un bain d'acide nitrique du commerce étendu d'un tiers d'eau, puis de la laver à l'eau ordinaire et de bien l'essuyer; si la glace a été non-seulement impressionnée mais encore vernie, il faudra la laisser douze heures dans ce bain d'acide.

Le polissage définitif ne doit avoir lieu qu'au moment même d'opérer; quelques personnes ont l'habitude de polir leurs glaces deux ou trois heures avant de la collodionner, même la veille : je blâme fort ce système, car, bien qu'à l'abri de la poussière, la surface polie n'en est pas moins exposée au hâle de. l'air, ce qui la rend peu propre à recevoir la couche sensible, qui exige avant tout une surface parfaitement pure et sèche.

Au moment d'opérer, fixez (fig. 52) votre glace sur la planchette à polir dont la description a été donnée plus haut et préparez dans un flacon un mélange assez épais de tripoli et d'alcool, ou mieux encore de collodion et de tripoli, ce qui dégraisse beaucoup mieux ; puis étendez ce mélange sur la glace au moyen d'un fort tampon de coton, puis séchez avec un deuxième et un troisième tampon que vous avez le soin de faire assez large pour que la main ne se trouve jamais en contact avec la glace ; quand vous avez ainsi nettoyé un côté, vous retournez la glace et recommencez de l'autre côté la même opération, que vous terminez cette fois en versant sur la glace quelques gouttes d'éther, que vous séchez avec un dernier tampon recouvert d'une peau de chamois qui ne doit servir qu'à cet usage et être assez souvent renouvelé. Si vous avez suivi de point en point ces instructions, votre glace doit être parfaitement nettoyée ; pour vous

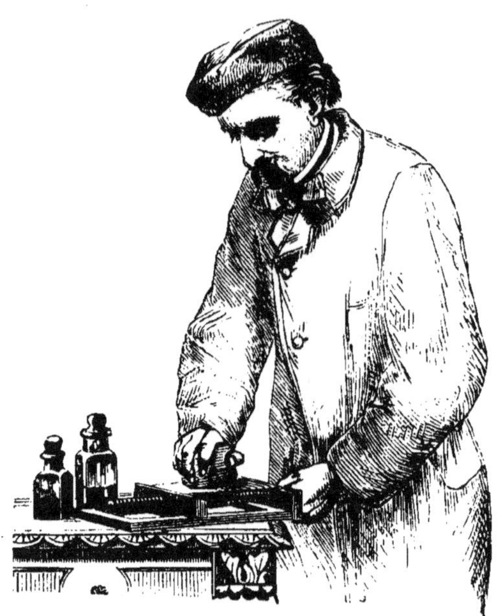

Fig. 52.

en assurer, projetez votre haleine sur la dernière surface terminée à l'éther, et si la couche qu'elle présente est bien uniforme, ne laissant voir aucune traînée de tampon et disparaissant vivement, la glace est pure et sèche ; dans le cas contraire, il faudrait recommencer.

Ce travail pour lequel toute poussière est à redouter, doit se faire loin du laboratoire.

Quand une glace a servi un certain nombre de fois

et a été vernie souvent, elle se raye au point qu'elle doit être mise au rebut.

Il est bon de remarquer le côté terminé à l'éther, car c'est lui qui doit recevoir la couche sensible.

Avant d'aller plus loin dans la préparation de la glace, examinons les différents agents employés dans la formation de l'image.

COLLODION NORMAL

Le collodion se forme par la dissolution du coton-poudre dans l'alcool et l'éther dans les proportions suivantes :

Ether à 62°	650	gr.
Alcool à 40°	350	»
Fulmi-coton	8	»

Cette dissolution, étendue sur la glace, prend en séchant une certaine consistance qui la fait assez bien ressembler à un tissu et la rend propre à recevoir un iodure quelconque, lequel, combiné avec le nitrate d'argent, forme l'iodure d'argent sensible à la lumière; ce collodion normal, pour rester dans de bonnes conditions, doit être préparé quelque temps d'avance (15 jours environ); il acquiert en vieillissant une limpidité plus grande (point très-important), néanmoins on peut s'en servir aussitôt, mais on comprendra que les parcelles imperceptibles de coton en suspension dans le liquide en troublent la pureté, malgré un filtrage réitéré. On a donné jusqu'à ce jour un grand nombre de formules pour le *collodion ioduré;* je me bornerai à n'en indiquer qu'une que l'expérience me recommande; mais tant d'influences agissent sur cette préparation, qu'il est presque impossible d'en assurer la stabilité. On doit surtout s'attacher à ce que les produits employés soient parfaitement purs.

Le procédé que je publie aujourd'hui devra servir de base à l'élève, et il devra le pratiquer d'abord sans s'en écarter avant d'essayer par lui-même de nouvelles combinaisons, ce qu'une longue pratique peut seule permettre.

LIQUEUR POUR IODURER LE COLLODION NORMAL

Faites dissoudre dans

> 100 gr. alcool à 40°,
>   2 » iodure de potassium,
>   4 »   »   d'ammonium,
>   6 »   »   de cadmium,
>   4 » bromure de cadmium.

L'iodure de potassium ne se dissolvant pas facilement dans l'alcool, le tout devra être pilé dans un mortier en cristal spécialement consacré à cet usage.

Cette liqueur, après parfaite dissolution, sera filtrée au coton et servira à iodurer le collodion normal indiqué plus haut, bien qu'ainsi préparé il puisse se conserver fort longtemps.

On peut n'en iodurer que par petite quantité, soit :

> 10 gr. de liqueur dans
> 100 » collodion normal.

Cette préparation doit se faire au moins douze heures avant d'être employée.

Tous les flacons servant au collodion seront préalablement rincés à l'éther, ainsi que les entonnoirs, et ne devront pas servir à d'autre usage ; on filtre sur du coton cardé parfaitement propre, et qui doit être renouvelé chaque fois.

BAIN D'ARGENT NÉGATIF

Eau distillée.................	100 gr.
Nitrate d'argent.............	10 »

Toutes les préparations au nitrate d'argent doivent être faites à l'eau distillée, dans le cas où on ne pourrait s'en procurer à l'eau de pluie, recueillie dans un vase de verre ou de porcelaine, enfin pure de tout contact avec conduits, gouttières, etc.

Le bain d'argent doit être généralement maintenu au degré ci-dessus ; pour cela il est bon, quand on a sensibilisé un certain nombre de glaces, de le peser au moyen du pèse-sels et de le remettre au poids s'il y a lieu ; il est des cas pourtant où ce bain peut être à un degré moins élevé, l'été par exemple, 6 à 7 degrés suffisent, pour le paysage de 5 à 6, pour les positifs sur verre de 3 à 4. Mais en hiver, et pour le portrait, il ne faut pas le descendre au-dessous de 10 pour 100, sous peine de clichés faibles et longs de pose.

Il est bon aussi de renforcer ce bain de temps en temps, car on comprendra facilement que chaque glace,

en se sensibilisant, y dépose une certaine quantité d'iodure dont l'excés dans le bain forme sur le collodion de
petits trous qui se représentent en points noirs sur les
épreuves positives ; il est indispensable de filtrer le
bain au moment de s'en servir et quand il a sensibilisé
une dizaine de glaces, afin d'éviter des taches.

BAIN DE FER RÉVÉLATEUR

Eau filtrée ord...............	100	gr.
Sulfate de fer...............	7	»
Acide acétique crist..........	5	»
Alcool.....................	10	»

En hiver, on peut élever la dose du sulfate de fer à
10 pour 100 au lieu de 7.

Après dissolution à chaud, on doit filtrer. Ce bain se
conserve indéfiniment ; on a même remarqué qu'il devenait meilleur en vieillissant : il est donc préférable
d'en préparer une certaine quantité à la fois.

AUTRE BAIN RÉVÉLATEUR

Eau distillée................	100	gr.
Acide pyrogallique..........	1	»
Acide acétique crist..........	5	»

Celui-ci ne se conserve guère qu'une huitaine de
jours et est moins usité.

BAIN POUR RENFORCER LE NÉGATIF

Eau distillée................ 100 gr.
Nitrate d'argent.............   4 »

BAIN FIXATEUR

Eau ordinaire................ 100 gr.
Hyposulfite de soude......... 40 »

AUTRE

Eau ordinaire................ 100 gr.
Cyanure de potassium........   5 »

L'emploi de ce dernier n'offrant aucun avantage et étant fort dangereux, j'engage l'élève à le rejeter.

Dans l'organisation du laboratoire il est urgent de bien séparer certains produits les uns des autres; ainsi une éclaboussure d'hyposulfite ou de bain de fer dans le bain d'argent amènerait infailliblement la décomposition, la perte du bain et du travail, enfin des déboires de toutes sortes. Cette règle étant à observer pour tous les produits en général, il faudra donc éloigner autant que possible l'endroit où se fera la sensibilisation des glaces de celui où aura lieu le développement; cette recommandation s'étend aussi au bain d'hyposulfite, qu'il serait même bon d'exclure du laboratoire.

L'extrême propreté des mains est aussi à observer,

elles doivent être soigneusement lavées entre chaque
opération.

Il faut bien se persuader que si on suit rigoureusement ces recommandations qui semblent d'abord accessoires, on aplanira bien des difficultés : — il en restera
toujours assez à vaincre pour le commençant.

Ceci bien établi, je vais reprendre le cours de l'opération où je l'ai laissée, c'est-à-dire après le polissage
de la glace.

SENSIBILISATION DE LA GLACE

Le bain d'argent est placé dans la cuvette à recouvrement décrite plus haut, et le collodion dans un flacon
dont vous avez toujours le soin d'essuyer le goulot avec
un papier de soie, afin qu'aucune parcelle de collodion
séché ne vienne faire épaisseur sur la couche.

Avant de verser le collodion, vous passez légèrement
sur la glace un blaireau bien propre dont l'emploi est de
chasser autant que possible cette légère poussière toujours en suspension dans l'air ; puis tenant la glace de
la main gauche par l'angle inférieur, vous versez le
collodion doucement sans temps d'arrêt ni mouvement
en arrière, comme dans les figures 53 et 54.

En faisant suivre à la glace toujours la même pente,
il est bon alors de lui imprimer un léger balancement
de droite à gauche (voir fig. 55), pour faire disparaître le striage que le collodion, quelque léger
qu'il soit, forme toujours. Si l'on mettait immédiate-

ment la glace au bain, le collodion trop humide se dé-

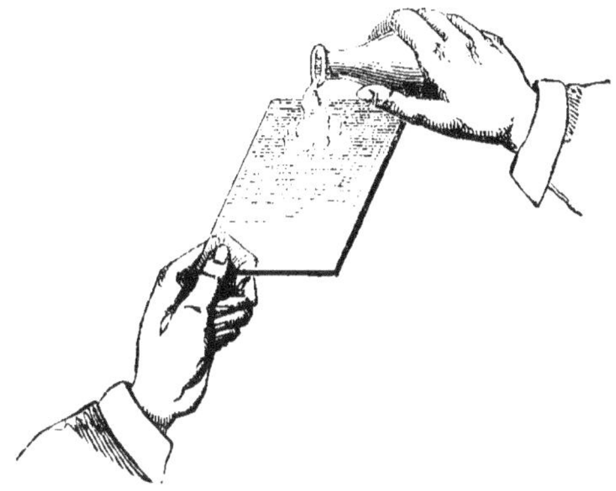

Fig. 53.

tacherait et s'en irait en morceaux; une minute suffit

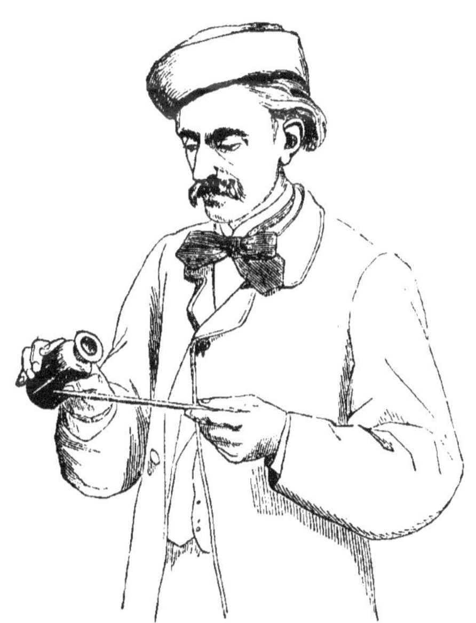

Fig. 54.

pour qu'il soit assez sec ; mais comme, suivant la température et la quantité d'éther qu'il renferme, il sèche
plus ou moins vite, il est bon de s'en assurer en ap-
puyant légèrement le doigt à l'angle inférieur. S'il en

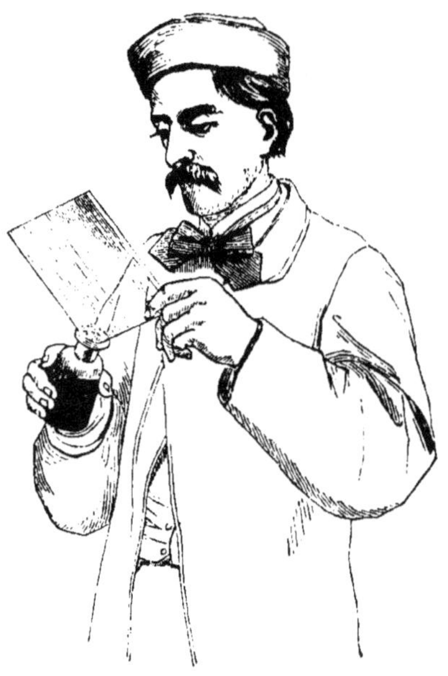

Fig. 55.

retient bien l'empreinte, il est bon à sensibiliser; alors
inclinez la cuvette de manière à ce que la presque totalité du liquide se trouve vers le recouvrement (fig. 56).
Placez alors la glace, le collodiou en dessus, dans la
partie de la cuvette restée à sec, et par un mouvement
rapide faites revenir le liquide de manière à ce qu'il
couvre entièrement la glace, et cela sans temps d'arrêt
ni retrait, ce qui occasionnerait sur la couche des raies

et des marbrures. Il existe deux autres modes de sensibilisation qui consistent :

1º A immerger la glace, le collodion en dessous.

2º A se servir d'une cuvette verticale ; mais je pré-

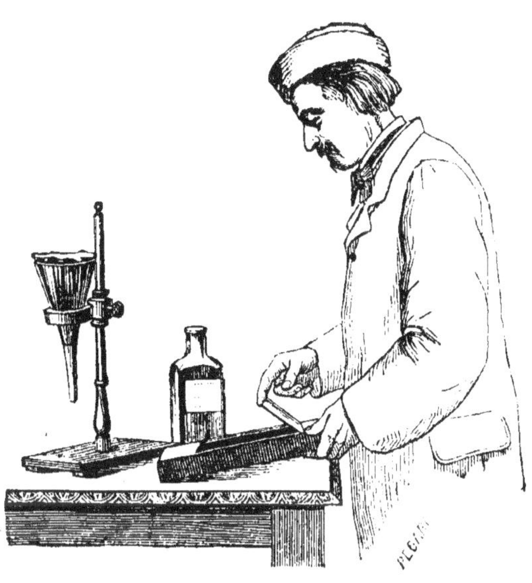

Fig. 56.

fère de beaucoup celui qui se fait avec la cuvette à recouvrement ; il occasionne moins de taches et permet de
mieux surveiller l'opération. La sensibilisation au bain
d'argent ne demande que trois à quatre minutes.
Pour s'assurer si elle est complète, on devra, au
moyen du crochet d'argent, soulever la glace hors du
bain (fig. 57). Si elle ne présente plus l'aspect huileux
que produit le liquide en se retirant, on peut la sortir
du bain et la faire égoutter sur un matelas de papier
buvard. Il est bon aussi, pour la propreté du châssis, de
l'essuyer derrière avec un tampon de papier de soie ; le

7

châssis lui-même sera essuyé chaque fois qu'il recevra une nouvelle glace, non-seulement à cause de la poussière, mais aussi pour enlever le nitrate que la glace précédente y aura déposé.

Il est bien compris que cette opération, ainsi que celle

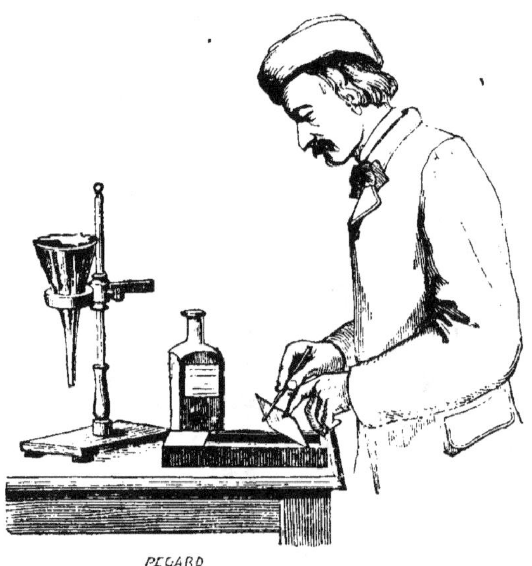

Fig. 57.

du développement, doit se faire à l'abri de toute lumière blanche : en conséquence, le laboratoire sera éclairé par une fenêtre garnie de verre ou de papier jaune, ou par une lanterne également garnie de verre jaune ou rouge.

La mise au point peut s'effectuer avant ou après la sensibilisation de la glace. En hiver, il n'y a pas d'inconvénient à mettre cinq, six et même dix minutes, entre la préparation et la pose ; mais l'été, il est bon d'avoir tout disposé d'avance.

MISE AU POINT. — POSE

La mise au point de l'objectif est fort simple par elle-même ; elle demande un certain soin dans l'arrangement du modèle, qui devra, autant que possible, ne pas présenter de plans trop avancés. Quant à l'éclairage, à la disposition de la personne ou de l'objet à reproduire, la pratique et le bon goût seront les meilleurs conseillers.

Lorsqu'on sera arrivé à la netteté voulue de l'image sur la glace dépolie, on remplacera celle-ci par le châssis renfermant la glace préparée, que l'on démasquera en levant la planchette à coulisse du châssis.

Le temps de pose varie à l'infini, et partant de causes différentes qu'on ne peut l'indiquer que par quelques données générales. Le plus ou moins de rapidité du collodion, la force du bain d'argent, la lumière, la température, le sujet à reproduire, le foyer de l'objectif, etc., tous ces motifs font varier le temps de la pose. Pour cela encore, le meilleur guide, c'est la pratique.

Pour le portrait, dans un atelier spécial, par une bonne lumière, avec les produits que j'indique et l'objectif dit normal, on posera de quinze à vingt secondes, en plein air de quatre à dix secondes ; un paysage où la verdure dominera, de quinze à vingt-cinq secondes ; pour un monument fortement éclairé, elle sera beaucoup moindre ; enfin, pour une peinture, il faudra compter par minutes.

La pose terminée, on referme la coulisse du châssis

et l'on rentre dans le laboratoire pour procéder au développement, c'est-à-dire à l'apparition de l'image latente.

DÉVELOPPEMENT

Préparer dans un des verres à expérience une certaine quantité du bain de fer; puis, retirant la glace du châssis, on la place sur le support Berthier (fig. 58), ensuite

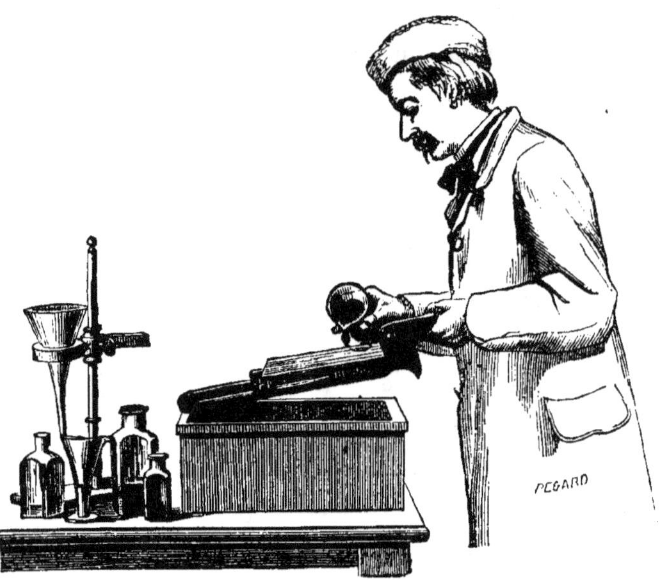

Fig. 58.

on verse une nappe de liquide sur le collodion de manière que la glace en soit couverte en même temps dans toutes ses parties, et surtout sans temps d'arrêt, ce qui formerait des taches persistantes. Il faut aussi avoir le soin de ne pas le verser sur l'image, mais au bord de la glace, enfin à un endroit sacrifié, car, où le fer tombe, l'image est presque toujours altérée. Il faut aussi avoir soin que tout le liquide ne se perde pas, car on devra le faire revenir et le balancer quelques secondes en tous sens sur la glace, jusqu'à ce que l'image soit venue dans toutes ses parties et surtout dans les ombres, les grandes lumières venant toujours assez vite. Quand on remarque que le cliché n'augmente plus d'intensité, et que le liquide est devenu boueux, on lave à l'eau ordinaire sous un robinet dont le jet ne sera pas trop fort, car il pourrait déchirer le collodion ; puis on consulte le négatif en le regardant par transparence. Si le temps de pose a été juste ce qu'il devait être, ce qui arrive à peine une fois sur dix, le cliché sera parfait dans toutes ses parties, les grandes lumières ne seront pas trop dures, trop opaques ; les ombres, tout en conservant leur transparence, auront aussi leurs détails ; enfin, les demi-teintes seront accusées dans leur juste valeur ; mais, je le répète, il est très-difficile d'arriver juste à point, et le but de l'opération dite *renforcement* est d'obvier aux inconvénients d'une pose trop ou pas assez prolongée.

Si le cliché présente dans tout son ensemble une teinte grise, uniforme, où lumières, demi-teintes et ombres ont à peu près la même valeur, ce qui n'exclut pas le détail, au contraire, la pose aura été trop longue.

Si les grandes lumières et les ombres offrent un contraste trop frappant, et que les demi-teintes soient presque nulles, la pose a été trop courte.

Quand il y a excès dans l'un ou l'autre cas, il y a peu de parti à tirer d'un pareil cliché, et il vaut mieux recommencer. Mais quand la différence n'est pas exagérée, on peut ramener le négatif à de très-bons effets au moyen du renforcement, et voici comment on procède :

Après un lavage prolongé à l'eau ordinaire, on verse sur la glace quelque peu de la solution d'argent à 4 pour 100, dont on rejette l'excédant dans le verre qui doit contenir du nouveau bain de fer; alors on verse, comme pour le premier développement, en nappe et sans temps d'arrêt, ce bain de fer; puis on lave et l'on consulte de nouveau par transparence. Si l'épreuve n'a pas encore atteint l'intensité voulue, on recommence autant de fois qu'il est nécessaire, en ayant soin de bien laver chaque fois.

Cette opération peut se faire au moyen du bain d'acide pyrogallique dont j'ai donné la formule, mais on ne doit guère s'en servir que pour les reproductions et les vues. Ce procédé donnant plus de dureté, de sécheresse, on doit le repousser pour le portrait, qui, au contraire, demande du moelleux et de la douceur.

Après le complet développement du négatif, on le lave encore et on le fixe en le plongeant quelques minutes dans le bain d'hyposulfite, dont le but est d'enlever ce qu'il reste d'iodure d'argent libre qui, sous l'action de la lumière, noircirait et perdrait infailliblement le cliché.

Après ce fixage, il faut laver avec beaucoup de soin pour enlever toute trace d'hyposulfite, lequel en séchant se cristalliserait et détruirait complétement l'image. On place ensuite la glace comme dans la fig. 59,

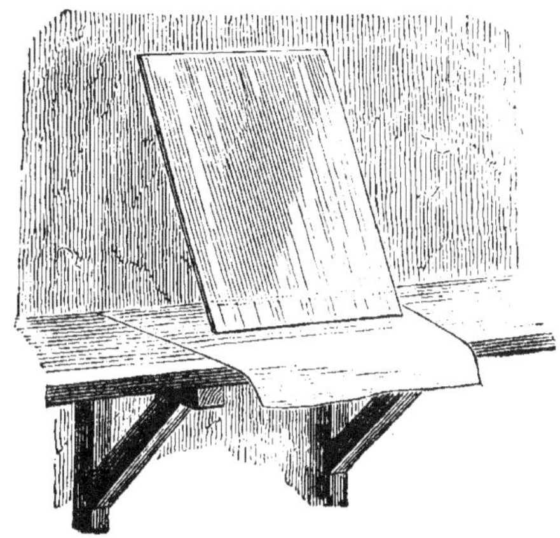

Fig. 59.

afin de la laisser sécher, ou bien encore sur un égouttoir.

Pour rendre le cliché inaltérable et pouvoir le conserver sans inconvénient, il est bon de le vernir au moyen d'un vernis spécial qu'on applique de la même manière que le collodion, en chauffant avant et après. Bien entendu, le cliché doit être parfaitement sec avant de recevoir le vernis.

TIRAGE DES ÉPREUVES POSITIVES

On emploie, pour le tirage des épreuves, soit le papier simplement salé au chlorure de sodium, soit le papier salé-albuminé; ce dernier est plus usité. On trouve dans le commerce ces papiers tout préparés et très-bons; mais, dans le cas où on voudrait les préparer soi-même, voici la formule la plus généralement employée :

PAPIER SALÉ

Eau distillée.................... 100 gr.
Chlorure de sodium........... 3 »

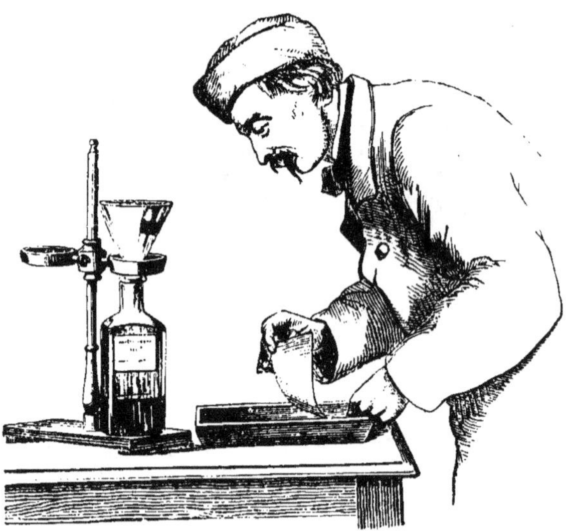

Fig. 60.

Après dissolution, filtrer dans une cuvette de porcelaine et appliquer sur ce bain la feuille de papier du côté satiné (fig. 60), en évitant surtout les bulles d'air ; pour cela il est utile, après l'avoir fait glisser avec précaution sur le liquide, de la relever doucement et de crever les bulles, s'il y en a, au moyen du crochet d'argent. Quand la feuille est restée cinq minutes sur ce bain, on la relève et on la suspend par un angle après une corde tendue et au moyen d'épingles en bois (fig. 61). Ce papier, une fois sec, peut se conserver

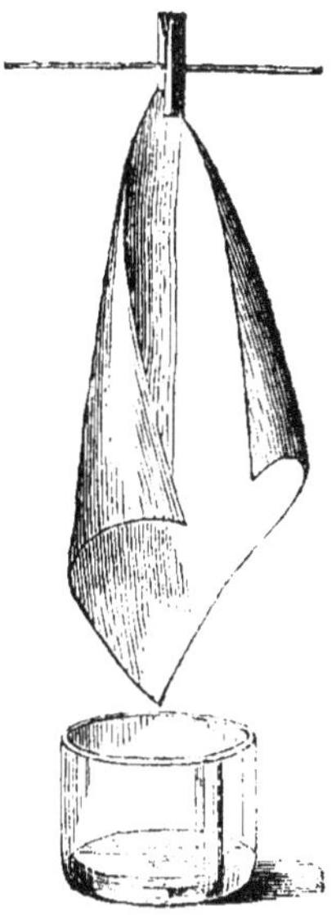

Fig. 61.

indéfiniment, surtout si on ne le serre pas à l'humidité.

PAPIER ALBUMINÉ

Pour 1 litre d'albumine, casser vingt-cinq œufs dont
on a le soin de ne prendre que le blanc ; le jaune et les
germes doivent être scrupuleusement rejetés. Faire
dissoudre à part dans 200 grammes :

Eau distillée	40	gr.
Chlorure de sodium	10	»

puis mêler le tout dans une terrine en porcelaine ou en
terre, et battre en neige avec une fourchette jusqu'à ce

7.

que la mousse prenne une forte consistance. On laisse reposer douze heures à l'abri de la poussière, et l'on décante dans une cuvette de porcelaine la partie claire du liquide.

La préparation du papier se fait comme pour le précédent; seulement elle exige encore plus de soin, où il faut éviter les temps d'arrêt et faire attention que le liquide ne passe pas sur l'envers de la feuille, car il ferait tache. On laisse également cinq minutes sur le bain, et l'on suspend pour sécher.

SENSIBILISATION DU PAPIER SALÉ OU ALBUMINÉ

Dans une cuvette de porcelaine ou de glace, qui ne doit servir qu'à cet usage, mettre un bain d'argent ainsi composé :

> Eau distillée.................. 100 gr.
> Nitrate d'argent.............. 15 »

Après dissolution, filtrer. Ce bain doit toujours être maintenu à ce degré; au-dessous, il donnerait des images plates et des tons pauvres; il faut le peser souvent, car il s'appauvrit vite. Il n'y a pas d'inconvénient à le mettre à 20 pour 100.

Le papier salé ou albuminé se pose sur ce bain, le côté préparé en contact avec le liquide, de la même manière et avec les mêmes précautions que lorsqu'on l'a albuminé; seulement il ne peut être sensibilisé que le jour où on doit l'employer, car il jaunit du jour au lendemain, même à l'obscurité, surtout quand il est albuminé. Inutile de dire que cette dernière préparation doit se faire à l'abri du jour; une heure o u deux heures suffisent pour le sécher, car il est urgent qu'il soit bien sec, autrement il ferait sur le cliché des taches ineffaçables.

EXPOSITION A LA LUMIÈRE

Le cliché, dont on a eu le soin de bien essuyer l'envers, est placé dans le châssis à reproduction; puis on place le papier sensibilisé sur le cliché, le côté préparé en contact avec le collodion; le tout est recouvert d'un matelas de papier buvard et pressé par les ressorts du châssis, et l'on expose à la lumière. Cette mise en châssis doit se faire sinon à l'obscurité complète, du moins à une lumière peu vive.

L'épreuve vient plus ou moins vite, selon le plus ou moins d'intensité du jour, le plus ou moins de transparence du négatif. Au soleil, l'impression est très-rapide, mais je lui préfère de beaucoup l'ombre, qui permet de mieux surveiller la venue de l'épreuve, surtout si le cliché est un peu heurté d'effets; on a même vu, dans ce dernier cas, atténuer encore la force de la lumière en interposant entre la glace du châssis et le négatif une feuille de papier blanc. Je recommande ce moyen, peu usité du reste, au photographe amateur d'un beau tirage.

On surveille la venue de l'épreuve en ouvrant à moitié la planchette du châssis et en soulevant la feuille de papier positif, et cela dans une demi-obscurité. Voir figure 62.

L'épreuve, ayant encore à subir quelques préparations
qui la font descendre de ton, doit être tirée beaucoup

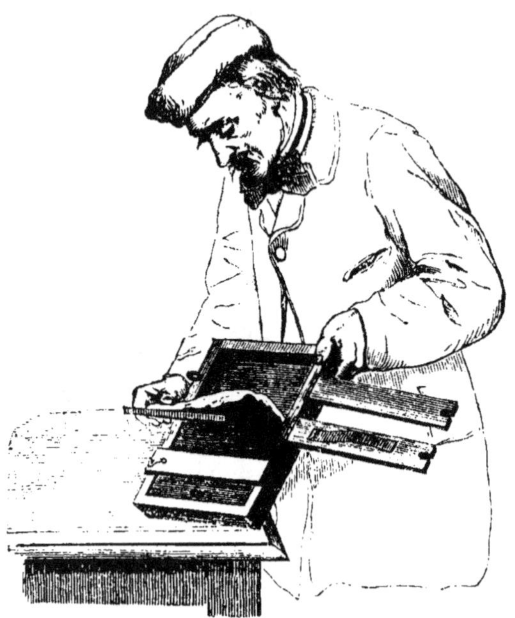

Fig. 62.

plus noire qu'elle ne devra être. Une fois terminée, les
ombres doivent revêtir une certaine teinte bronzée,
tandis que les blancs seront légèrement violacés. Une
fois venue et retirée du châssis, l'épreuve s'altérerait
promptement sous l'action de la lumière : il faut donc
la fixer, mais avant la virer; le virage a pour but de
donner à l'épreuve un ton plus agréable à l'œil, car
par le fixage seul elle présenterait un aspect roux sale
qui ne la ferait guère valoir.

Il existe plusieurs modes de virage, je crois les avoir
essayés tous; celui que j'indique ici est le seul qui m'ait

toujours réussi en me donnant les tons les plus riches et les plus harmonieux ; il est aussi moins coûteux que les autres et plus facile à employer.

BAIN DE VIRAGE

Dans un flacon de 1,000 grammes, mettez :

    Eau.......... ....   500 gr.
    Acétate de soude cristallisé....   30 »

dans un autre flacon :

    Eau ....·....   500 gr.
    Chlorure d'or.................   1 »

Ces deux dissolutions faites, versez la deuxième sur la première. Cet ordre est à bien observer ; interverti, il y aurait décomposition.

Ce bain doit être préparé douze heures avant de servir ; il se conserve longtemps et doit être renouvelé quand son action sur l'épreuve devient trop lente ou presque nulle. Quand il est neuf, il agit rapidement ; aussi faut-il surveiller sans cesse les épreuves : on les voit successivement changer de ton et on les retire à celui qu'on préfère, généralement au violet. Avant de les immerger dans le bain de virage, on les aura plongées dans une bassine d'eau ordinaire et l'on changera l'eau deux ou trois fois.

FIXAGE

Quand les épreuves auront pris au virage le ton voulu, elles seront mises pendant quelques minutes dans une bassine d'eau ordinaire, et de là portées au bain de fixage dont la formule suit :

```
Eau ........................ 100 gr.
Hyposulfite de soude......... 20  »
```

Ce bain doit être renouvelé assez souvent, car, trop vieux, non-seulement il donne un ton jaune aux épreuves, mais encore il devient une cause d'altération.

En dix minutes environ, l'épreuve doit être fixée; pour s'en rendre compte, il suffit de la regarder en transparence. Après deux minutes d'immersion, on la verra criblée de petits points noirs. L'action du fixage commence, et quand on la visite de nouveau, si cet aspect poivré a disparu entièrement, le fixage est complet; il ne reste plus qu'à purger le papier de toute trace d'hyposulfite par des lavages réitérés. L'eau courante est le meilleur mode à employer.

Un moyen que j'ai reconnu très-bon, c'est de plonger les épreuves, au sortir de l'hyposulfite, dans un bain d'eau tiède, puis de les laver après par les moyens ordinaires.

Il est mauvais de les laisser séjourner dans l'eau plus de cinq ou six heures; le point important est de renouveler l'eau aussi souvent que possible.

PROCÉDÉS AU COLLODION SEC

PAR M. L. ROBERT (DE SÈVRES)

NÉGATIFS SUR VERRE PAR LE COLLODION ET L'ALBUMINE

(Procédé Taupenot)

1° *Application sur la glace parfaitement nettoyée de la dissolution d'albumine.*

Cette dissolution s'étend à froid à la manière du collodion et peut servir jusqu'à épuisement, en la conservant dans un flacon bien bouché. Recouverte de sa dissolution, la glace est accotée contre le mur, la surface préparée en dessous, l'angle inférieur reposant sur un quadruple de papier buvard. Douze heures suffisent pour le desséchement des glaces, lesquelles peuvent être conservées à l'abri de la poussière et de l'humidité.

```
Albumine battue..............    30 cc.
Eau.........................   1000  »
Ammoniaque..................     20  »
```

2° *Application du collodion sur les glaces préparées.*

Tout bon collodion additionné d'un tiers de son volume d'un mélange d'alcool et d'éther, dans la proportion de deux d'éther pour un d'alcool, peut être employé pour la préparation des glaces Taupenot. Son extension sur la surface albuminée se fait aussi facilement que sur la glace nue.

3° *Sensibilisation de la surface.*

Cette sensibilisation se fait exactement comme pour le collodion humide dans un bain d'argent acidulé.

L'aspect de la surface après dégraissement dans le bain d'azotate doit être opalin, et non porcelainé.

Azotate d'argent	8 cc.
Eau	100 »
Acide acétique	10 »

4° *Lavage complet, à l'eau, à la cuvette.*

Au sortir du bain d'azotate, la glace est plongée dans une cuvette d'eau de pluie, ou d'une eau suffisamment pure, pour ne pas former de dépôt noirâtre ; le trouble blanchâtre qui se manifeste ordinairement est sans inconvénient pour le résultat On passe successivement la glace à laver dans trois cuvettes contenant chacune environ 1 litre d'eau ; lorsque l'on prépare un certain nombre de glaces, on change l'eau des cuvettes après le passage de six glaces. Le lavage s'accélère en agitant dans chaque cuvette les glaces à l'aide du crochet d'argent.

5° *Application de l'albumine iodurée sur le collodion encore humide.*

Ammoniaque	20 cc.
Albumine battue et clarifiée	3 blancs d'œufs.
Eau	60 cc.
Sucre blanc	5 gr.
Iodure d'ammonium	1 »

La préparation de l'albumine se fait de la manière suivante : Casser les œufs et laisser écouler le blanc dans un verre, en ayant soin d'en séparer le germe. Dans le cas où le germe serait entraîné, l'enlever à l'aide d'une cuillère à café, faire dissoudre à part le sucre et l'iodure dans la quantité d'eau indiquée, réunir l'albumine au liquide et battre le tout jusqu'à consistance de neige solide, en se servant d'un bocal à large ouverture dans lequel plonge un bâton muni à son extrémité d'un faisceau de petites baleines rondes. En roulant l'autre extrémité entre les deux mains, on imprime un vif mouvement de rotation qui transforme rapidement l'albumine en mousse épaisse; vingt-quatre heures après l'opération, l'albumine, débarrassée de la fibrine qui la surnage, peut être enfermée et conservée dans des flacons à l'émeri, dont on graisse préalablement le bouchon.

Au moment de se servir de l'albumine ainsi préparée, il est bon d'en verser dans un verre à pied environ 50 centimètres cubes, et d'enlever, à l'aide d'un morceau de carte, les bulles qui peuvent surnager.

Au sortir de la dernière cuvette de lavage, la glace collodionnée doit être égouttée quelques instants, puis tenue sur la main à l'aide d'un foulard formant tampon. On verse alors sur l'un des angles de la glace, maintenue horizontale sur le tampon, l'albumine contenue dans le verre à pied, en opérant comme pour l'extension du collodion : l'albumine chasse devant elle l'eau mouillant la surface de la glace, et recouvre entièrement le collodion ; on en fait écouler l'excédant dans un autre verre. Cette albumine, mise à part et filtrée, sert pour d'autres préparations ; puis, en inclinant successivement la glace vers chacun de ses angles, on la dépouille par égouttement de l'excès de la préparation. La glace est ensuite abandonnée à l'air libre, en reposant par un de ses angles sur un quadruple de papier buvard : douze heures suffisent pour leur parfait desséchement ; arrivée à cet état, la glace doit avoir l'aspect opalin, la surface préparée doit être parfaitement lisse et demi-brillante ; les poussières, les inégalités d'extension du collodion se manifestent par des opacités qui donneront, celles des poussières surtout, autant de taches à la venue de l'épreuve.

Il est donc de la dernière importance de se garantir par tous les moyens possibles de cet ennemi permanent de la photographie ; l'arrosage du sol, la tranquillité des mouvements, la suppression du courant d'air dans le laboratoire sont de bons moyens préservateurs.

6° Séchage de la glace à l'air libre, à l'abri de la poussière.

L'application de l'albumine et le séchage des glaces après cette opération doivent être faits à la lumière diffuse ; dans le cas où les préparations auraient été faites la nuit, il est important d'exposer les glaces au jour pendant une heure ou deux avant de les empaqueter.

Les glaces ainsi préparées peuvent être conservées en boîte ou empaquetées à l'abri de l'humidité pendant quatre ans au moins ; l'empaquetage doit se faire à l'aide de petites bandes de cristal très-minces que l'on met à cheval sur les grands côtés de la glace, deux bandes suffisent pour trois glaces; on évite ainsi le contact des surfaces, et, en enveloppant d'un bon papier et ficelant fortement des groupes de six glaces, on facilite ainsi et leur conservation et leur transport.

7° *Sensibilisation de la glace dans le bain d'acéto-nitrate d'argent* (à l'obscurité).

Deux ou trois jours avant d'employer les glaces à la production du négatif, la veille, si la température est élevée, l'on peut procéder à la sensibilisation de la surface : la glace, immergée d'un seul coup dans le bain d'acéto-nitrate, est, après un séjour de trente secondes dans ce bain, immergée dans une cuvette d'eau, et on procède à son lavage comme il a été dit au paragraphe 4.

Eau	100	cc.
Azotate d'argent	8	gr.
Acide acétique	10	cc.

8° *Séchage de la glace à l'air libre et à l'obscurité.*

Dans toutes les opérations de séchage des surfaces sensibles ou insensibles, il est important d'éviter le contact des doigts. Ne prendre les glaces que par la tranche, et les mettre à sécher dans une armoire ou séchoir en les faisant porter par un de leurs angles sur un quadruple de buvard. Les mêmes précautions que celles usitées pour les procédés au collodion humide doivent être prises contre la lumière.

9° *Exposition à la chambre noire.*

L'exposition des surfaces sensibles employées à sec est beaucoup plus longue que pour les procédés humides, elle peut être en moyenne de quatre minutes pour un foyer de 0,15 centimètres, et nécessairement variable selon la nature des objets à reproduire et l'état de la lumière; cette longueur du temps de pose est sans inconvénient, et se trouve du reste largement compensée par la possibilité de garder pendant plusieurs jours les surfaces sensibles et facilement transportables.

La glace, placée dans un châssis permettant de changer les épreuves en pleine lumière (ces châssis, portant les noms de leurs inventeurs, MM. Arthur Chevalier, Relandin et Marion, se trouvent chez tous les fabricants d'optique photographique), est soumise à l'action de la lumière pendant un temps déterminé par l'expérience, puis conservée avant son développement pendant un jour ou deux : avantage très-grand, puisqu'il permet le retour immédiat au laboratoire ou son ajournement à deux jours si la température n'est pas trop élevée.

10° *Développement de l'image.*

La glace impressionnée s'applique, à l'aide d'un crochet d'argent, la surface préparée en dessous, sur un bain de 1 centimètre d'épaisseur contenu dans une cuvette de verre à fond plat : ce bain se prépare facilement en voyage. On prend 1 gramme de la composition suivante dissous dans 100 gr. d'eau; après avoir mouillé la surface de la glace avec de l'eau ordinaire, on l'applique sur le bain, en ayant soin de ne pas emprisonner de bulles d'air ; on relève la glace et on ajoute au bain 2 à 3 centimètres cubes d'une dissolution d'azotate d'argent à 2 pour 100; on redescend à l'aide du crochet la glace sur le bain et on la laisse sur son crochet, afin d'éviter le contact du fond de la cuvette.

Acide gallique............... 15 gr.
  —   pyrogallique........... 5 »
  —   citrique.............. 5 »
Broyer le tout à sec et conserver en flacon.

L'apparition de l'image est plus ou moins rapide, elle peut varier d'un quart d'heure à une heure ; l'image se manifeste tout d'abord faiblement en ton roussâtre ; cette teinte se modifie en noir bleuâtre avec l'accroissement d'intensité du dessin ; lorsque le temps de pose a été trop long, la première teinte du développement est grisâtre et ne croît guère en intensité : s'il arrive que, pendant le développement, le liquide révélateur devienne rougeâtre et boueux, il faut relever la glace, la laver à l'eau, nettoyer la cuvette et y mettre une nouvelle dissolution ; remise sur ce bain neuf, l'image croît alors avec rapidité.

Il arrive souvent que, pendant le développement, la surface de l'image se couvre de points métalliques ; ces réductions locales d'argent, correspondant aux grains de poussière de la préparation de la glace, s'enlèvent facilement en les frottant légèrement avec du coton cardé imbibé d'eau ; on lave la glace à l'eau après cette opération et on la remet sur le bain réducteur.

Le développement de l'image doit être arrêté à un degré d'intensité inférieur à celle d'un bon cliché au collodion humide ; l'albumine se laisse difficilement pénétrer par les rayons lumineux, et les clichés obtenus par ce procédé doivent paraître relativement faibles ;

un ou deux positifs tirés avec des clichés d'intensité dif-
férente fixent plus les idées à ce sujet que la meilleure
description.

11° *Fixage de l'épreuve après lavage à l'eau.*

Arrivée au degré d'intensité convenable, l'image est
lavée à l'eau et immergée dans un bain d'hyposulfite de
soude ; elle y reste le temps suffisant pour dissoudre
l'iodure d'argent et prend alors la transparence ordinaire des clichés fixés.

$$Hyposulfite\ de\ soude\ldots\ldots\quad 25\quad gr.$$
$$Eau\ \ldots\ldots\ldots\ldots\quad 100\quad »$$

Laver à l'eau après fixage et laisser sécher à l'air
libre ; il est ordinairement inutile de vernir le cliché, la
surface d'albumine étant très-résistante au frottement.

N. B. Si, pendant les opérations de la sensibilisation
de la glace, le développement de l'image, il se mani-
festait des soulèvements de la surface sous forme de
pustules, il faudrait agir avec lenteur et précaution,
afin de ne pas provoquer de soulèvement complet. Si
l'on parvient à ce résultat, la planimétrie de la surface
se rétablit pendant le séchage définitif de l'épreuve. Ces
soulèvements dépendent uniquement du mauvais nettoyage de la glace.

L'application albuminée indiquée au paragraphe 1er
peut être évitée si le nettoyage des glaces est bien fait ;
elle n'a pour effet que de prévenir les soulèvements ;
dans le cas de suppression, le collodion s'applique directement sur la glace.

PROCÉDÉ SEC AU TANNIN

1° *Encollage préalable de la glace.*

Cette opération a pour but de prévenir les soulèvements qui se produisent lorsque l'on applique directement le collodion sur la glace. La glace, parfaitement nettoyée, est recouverte d'une dissolution tiède de gélatine.

Les glaces ainsi recouvertes sont séchées, en employant les mêmes précautions que celles indiquées par le procédé Taupenot.

Gélatine blanche.............	1 gr. 5
Eau........................	600
Acide acétique.............	8 c.
Alcool.....................	400

Faire dissoudre préalablement la gélatine dans l'eau et ajouter après filtration l'acide acétique et l'alcool; cette dissolution sert jusqu'à épuisement.

2° *Collodionage de la glace.*

Tout bon collodion pour le procédé humide peut être employé pour ce procédé; il s'applique à la manière ordinaire sur la surface gélatineuse de la glace.

3° *Sensibilisation et lavage.*

La sensibilisation se fait comme pour le collodion humide, avec cette différence que le bain d'azotate dont on se sert doit être légèrement acidulé par l'acide azotique. Après le dégraissement complet de la surface, la glace est soigneusement passée à l'eau dans quatre cuvettes, puis lavée au robinet et à la pipette à l'eau de pluie ou distillée; ce lavage doit être bien fait et doit enlever de la surface les dernières traces d'azotate d'argent.

Azotate d'argent.............	7	gr.
Eau	100	cc.
Acide azotique...............	0	5

4° *Application du tannin*.

Au sortir du lavage, la glace collodionaire est égouttée quelques instants, puis recouverte d'une dissolution de tannin.

Tannin.....................	3	gr.
Eau	100	»
Alcool.....................	10	»

Cette dissolution se fait à froid; on filtre à plusieurs reprises pour séparer la matière résineuse du tannin de la dissolution, et lorsque cette dernière passe limpide, on y ajoute l'alcool.

On recouvre la glace à plusieurs reprises de cette dissolution, en la faisant égoutter chaque fois; lorsque l'on suppose que la dissolution de tannin a bien pénétré les pores du collodion, on laisse sécher spontanément à l'air libre.

On augmente la sensibilité de la surface en lavant à l'eau, à la cuvette, avant leur développement, les glaces recouvertes et imprégnées de tannin.

Les glaces ainsi préparées se conservent sensibles pendant un temps qui varie de deux à trois mois ; des glaces ayant un mois de préparation avaient la sensibilité de celles préparées la veille.

5° *Exposition à la chambre noire.*

Le temps d'exposition est à peu près le double de celui nécessaire pour le collodion humide, mais il n'est guère possible d'en fixer la durée.

Les avantages signalés dans le procédé Taupenot existent *a fortiori* pour le procédé au tannin, dont les surfaces impressionnées se conservent un long temps après l'exposition.

6° *Développement de l'image.*

Laver la glace à l'eau de pluie, l'immersion à la cuvette est préférable au mouillage à la pipette. La glace mouillée est mise sur une main à développer.

Couvrir la glace d'un mélange fait au moment même de deux parties de la dissolution n° 1 et d'une partie de la dissolution n° 2.

N° 1

Acide pyrogallique............	1	gr.
Eau.......................	300	»

N° 2

Carbonate d'ammoniaque.....	1	gr.
Eau.......................	100	»

Les détails de l'image apparaissent presque aussitôt : laver à l'eau avant qu'ils soient complétement apparus ; il faut que le ton de la glace soit encore bleuâtre ; laver à l'acide pyrogallique n° 1 acidulé d'acide citrique ou acétique, puis procéder au développement de l'intensité de l'épreuve par le renforcement ordinaire de l'acide pyrogallique et de l'azotate d'argent.

L'intensité des clichés doit être celle des épreuves obtenues par voie humide ; elles sont néanmoins plus noires sans cesser d'être transparentes.

7° *Fixage de l'épreuve et vernissage.*

Le fixage de l'épreuve préalablement lavée se fait à l'hyposulfite de soude, comme dans les procédés humides. Le vernissage se fait soit à chaud, soit à froid, selon que l'on veut donner plus ou moins d'opacité au cliché.

PROCÉDÉ SUR ALBUMINE

PAR M. E. BACOT (DE CAEN)

NETTOYAGE DES GLACES

Le nettoyage est une des opérations les plus importantes, la réussite de l'épreuve en dépend entièrement. J'ai, à cet effet, deux boîtes en bois, garnies à l'intérieur de gutta-percha : une d'elles contient une dissolution de sous-carbonate de potasse ; l'autre, de l'eau acidulée.

> 1re eau : 1000 gr.; sous-carbonate de potasse, 200 gr.
> 2e eau : 1000 gr.; acide nitrique, 50 gr.

Ces deux préparations servent très-longtemps. Les glaces étant neuves ou ayant servi sont mises à tremper dans la première, cinq à six heures au moins, dix à douze au plus, la potasse attaquant au bout d'un certain temps le poli de la glace. Elles sont alors lavées à grande eau et mises ensuite dans l'eau acidulée, où elles peuvent rester aussi longtemps qu'on voudra les y laisser.

Il faut avoir bien soin de les débarrasser de la potasse avant leur immersion dans l'eau acidulée.

Au moment de les préparer, on les lave bien, on les essuie avec un linge bien propre, et on leur fait subir un dernier nettoyage sur la planchette à polir, en les frot-

tant avec du coton bien dégraissé et de l'alcool rectifié.

Alors elles sont bonnes à recevoir la couche d'albumine.

Dans un grand saladier on met six blancs d'œufs. On
fait dissoudre à chaud, dans une casserole de porcelaine, 10 grammes de dextrine dans 50 grammes d'eau
distillée. La dissolution étant faite, on y ajoute (1) iodure
de potassium saturé de chlorure d'iode 3 grammes, bromure de potassium 50 centigrammes ; on filtre le tout
dans les blancs d'œufs, et on bat en neige avec une fourchette de bois. Il faut avoir bien soin que *toute l'albumine soit réduite en mousse.* Douze heures après, on décante la partie qui est redevenue liquide, et qui est
bonne alors à couvrir les glaces. La glace est mise sur
une planchette plus petite qu'elle, afin qu'on puisse facilement lui imprimer un mouvement d'oscillation en
tous sens pour faciliter l'extension de l'albumine.

La glace étant bien époussetée, l'opérateur projette
son haleine à la surface pour la rendre un peu humide,
et alors il verse la quantité d'albumine nécessaire pour
la couvrir ; il donne un mouvement de droite à gauche
pour faciliter l'extension de l'albumine. Si, ce qui arrive quelquefois sur les glaces d'une grande dimension,
une partie restait sans être couverte, on faciliterait l'extension avec une bande de papier, on ramènerait l'albumine sur la partie où il en manquerait. Cette opéra-

(1) Je mets dans un flacon 25 grammes d'iodure de potassium
et j'y ajoute 3 grammes de chlorure d'iode. J'agite, et je m'en
sers au bout de quelques jours.

tion doit se faire au premier coup, pour éviter de former des bulles d'air, ce qui arrive si on touche plusieurs fois à l'albumine. On fait égoutter l'excédant d'albumine en ramenant successivement la goutte par les quatre angles, et en dernier lieu en la faisant revenir au milieu. On la pose ensuite à plat sur une planche parfaitement de niveau et dans un lieu sec et chaud pour la faire sécher à l'abri de la poussière.

Lorsqu'elles sont parfaitement sèches, mes glaces sont mises dans des boîtes à rainures, contenant un peu de chaux pour les préserver de l'humidité, et alors elles se conservent un temps indéterminé.

SENSIBILISATION

Cette opération doit être faite dans l'obscurité.

Eau distillée........	300	gr.
Nitrate d'argent.............	30	»
Acide acétique cristallisé.....	30	»

Après trois ou quatre minutes d'immersion, la glace est prête à être employée humide.

Si l'on veut opérer à sec, il faut lui faire subir plusieur lavages à l'eau de pluie, et, en dernier lieu, un à l'eau distillée ; — la mettre ensuite à sécher dans l'obscurité.

Moins longtemps on garde les glaces, meilleures elles sont ; habituellement je les sensibilise le soir pour m'en servir le lendemain, ou le matin pour les employer dans la journée, alors elles sont très-sensibles. Avec l'objectif 4 pouces de Charles Chevalier, verre à paysages, diaphragme 1 cent. 1/2, j'obtiens très-bien une épreuve au soleil en une minute cinquante secondes ou deux minutes.

DÉVELOPPEMENT

    Eau distillée................. 400 gr.
    Acide gallique..............   7   »
    Acétate de chaux...........   3   »

Je fais chauffer ce liquide à environ 50 ou 60 degrés; j'en verse alors la quantité suffisante dans une bassine, pour couvrir entièrement la glace.

La glace étant immergée sans temps d'arrêt et le liquide étant refroidi, ce qui a lieu après quelques minutes, j'y ajoute, par exemple pour 100 centigrammes de dissolution, 3 à 4 centigrammes du soluté suivant :

    Eau distillée................. 100 gr.
    Nitrate d'argent.............   6   »
    Acide acétique..............   20   »

L'épreuve paraît lentement, mais elle vient toujours.

On arrête l'action de l'acide gallique lorsqu'on la trouve assez venue, on la lave à plusieurs eaux, et on la fixe avec l'hyposulfite de soude à 25 pour 100.

Maintenant, je vais indiquer la formule d'un bain de virage dont je me sers depuis longtemps, et qui me donne de fort belles épreuves, soit sur papier ordinaire, soit sur papier albuminé.

L'épreuve étant imprimée très-vigoureusement, c'est-à-dire jusqu'à ce que les blancs soient assez colorés et que quelques parties des noirs soient passées à l'état métallique, je la plonge dans une cuvette contenant de l'eau de pluie, je la lave une minute environ, je change l'eau et je la plonge dans le bain d'or suivant :

Chlorure d'or, 1 gr., dissous dans 30 gr. d'eau.
Bicarbonate de soude, 1 gr., dissous dans 30 gr. d'eau.

Je verse la dissolution d'or dans celle de soude; après que l'effervescence a cessé, je mets le tout dans un flacon et j'ajoute 900 grammes d'eau.

Lorsque le bain est neuf, l'épreuve change rapidement de ton. On l'arrête à celui qu'on désire, en tenant compte de l'effet que doit produire le fixage à l'hyposulfite, qui la ramène à un ton un peu plus rouge.

L'épreuve, ayant été peu lavée, se couvre dans le bain d'or d'une couche de chlorure d'argent. Il faut l'agiter souvent. Ce bain d'or sert à fixer un grand nombre d'épreuves. La quantité de chlorure d'argent qui s'y trouve mélangé semble l'activer. Je me contente de le filtrer tous les jours jusqu'à ce qu'il ne fonctionne plus.

La dissolution d'hyposulfite est à 25 pour 100. J'y laisse les épreuves de quinze à vingt minutes.

J'ai essayé, il y a quelque temps, différentes espèces d'albumines pour préparer du papier. Celle qui me donne la plus belle préparation est, sans contredit, l'albumine des œufs de canard. Cette albumine est très-blanche, et donne au papier une teinte beaucoup plus belle que l'albumine contenue dans l'œuf de la poule, qui est toujours plus ou moins jaune.

PROCÉDÉ SUR PAPIER SEC CIRÉ

A L'AIDE DE LA PARAFFINE ET DE LA CIRE VIERGE

DE M. A. CIVIALE

M. A. Civiale à M. Arthur Chevalier

« Monsieur,

« Je vous communique, avec plaisir, un procédé qui me semble devoir donner des épreuves se rapprochant du but que l'on doit se proposer dans la reproduction d'un paysage, l'observation des différents plans, la finesse dans les détails sans dureté et un temps de pose modéré. Les clichés sur papier ciré sec m'ont toujours paru remplir le mieux les deux premières conditions; j'ai donc cherché à donner au papier ciré plus de rapidité en lui conservant ses autres qualités. Je vais exposer la marche que j'ai suivie, la composition des bains dont je me suis servi et les différentes remarques que j'ai pu faire dans mes opérations.

« Plusieurs personnes ont déjà pensé à employer la paraffine comme encollage du papier, je pourrai citer MM. Régnault, Humbert de Molard, Stéphane, Geoffray, etc.

« M. Peligot m'a engagé, il y a trois ans, à remplacer dans le papier sec la cire vierge par la paraffine ; j'emprunte à M. Régnault quelques notions sur cette substance.

« La paraffine que l'on trouve dans les derniers produits de la distillation des schistes et des bog-head est, à l'état de pureté, une matière blanche très-transparente et d'un éclat gras qui a peu d'affinité pour la plupart des agents chimiques. La benzine et l'essence de térébenthine rectifiée la dissolvent cependant en toute proportion. Elle cristallise assez facilement, fond à une température de 47 degrés et ne bout qu'à 370 degrés.

« Le cirage du papier par la dissolution de la paraffine dans la benzine ou l'essence de térébenthine ne m'ayant pas donné de résultats complétement satisfaisants, j'ai préféré l'immersion du papier dans la paraffine en fusion et le décirage à l'aide du fer à repasser.

« Les feuilles cirées à la paraffine sont d'un beau blanc et d'une grande transparence ; elles donnent des clichés très-fins et avec un temps de pose moindre que n'en exigent les clichés de papier ciré à la manière ordinaire.

« Mais, par sa tendance à la cristallisation, sa fusion à une assez basse température (47°), la paraffine employée seule présente de graves inconvénients.

« La cristallisation produit dans le cliché une infinité de petites coupures transparentes qui sont autant de taches noires sur le positif.

« La fusion à 47 degrés fait, pendant l'été, passer

quelquefois la paraffine du cliché dans la feuille positive, au moment du tirage des épreuves.

« Pour conserver au papier ciré à la paraffine les avantages qu'offre cette substance et en faire disparaître les inconvénients, j'ai été amené, après d'assez nombreuses expériences, à cette modification du bain du cirage : je fais entrer la cire pour un cinquième et la paraffine pour quatre cinquièmes. J'ai préféré la cire vierge ou cire des abeilles à la cire végétale, qui se mêle difficilement à la paraffine.

ÉPREUVES NÉGATIVES. — CHOIX DU PAPIER.

« Le papier saxe négatif, du poids de 7 kilogrammes la rame, en rejetant les feuilles qui présentent un grand nombre de points transparents, paraît être le moins mauvais. Le choix une fois fait, on coupe les feuilles de manière à avoir de tous côtés 1 centimètre et demi à 2 centimètres de marge.

CIRAGE ET DÉCIRAGE DU PAPIER

« Il faut d'abord placer la cuvette en zinc ou en cuivre, qui doit contenir l'eau, dans une position horizontale; on y arrive facilement en allongeant ou en raccourcissant les supports à vis du trépied, sur lequel est placée cette cuvette à moitié pleine d'eau bouillante, et on maintient cette température à l'aide d'une lampe à alcool à trois becs.

« La bassine, contenant le mélange de cire et de paraffine dans les proportions indiquées :

(1) Cire vierge.................. 200 gr. }
    Paraffine .... 800 » } 1 kilog.

est posée sur la cuvette d'eau et par conséquent horizontale ; j'insiste sur l'horizontalité, qui est une condition indispensable d'un cirage facile.

« On étend l'une après l'autre les feuilles de papier négatif sur la bassine de cire et paraffine, bien mélangées après leur fusion.

« Les feuilles posées quelques secondes sur ce bain contiennent un excès de cire et de paraffine, on les égoutte sur la bassine et on les range avec soin dans un carton. Le kilogramme de matière, 200 grammes de cire vierge et 800 grammes de paraffine, sert à cirer au moins 120 feuilles 30/40.

« Le décirage s'opère en plaçant une feuille cirée entre deux feuilles de papier buvard blanc sans peluches ; sur ce buvard on promène, d'un mouvement lent mais continu, un fer modérément chaud ; on remplace le premier buvard par un deuxième, un troisième, etc., jusqu'à ce que la feuille décirée présente un aspect mat et uniforme ; on devra rejeter toute feuille fortement froissée

(1) La paraffine du commerce doit être purifiée en la faisant dissoudre dans l'alcool, que l'on fait ensuite évaporer.

La cire vierge du commerce blanchie au chlore présente des inconvénients ; je préfère prendre la cire jaune des ruches ; il faut la diviser, l'humecter et la blanchir par son exposition prolongée à l'air.

par le fer. Les feuilles convenablement décirées sont rangées avec soin dans un carton jusqu'au moment de s'en servir.

« Le décirage doit s'opérer sur un matelas de papier assez épais, et le meilleur fer à employer, pour cette opération, est un fer creux contenant une plaque de fonte chauffée au rouge sombre ; une deuxième plaque est au feu pendant que la première, placée dans le fer, lui donne la chaleur nécessaire ; de cette manière, le fer ne se salit pas au contact du charbon et le décirage peut se continuer sans interruption.

« Avec un peu d'habitude, quarante-cinq heures de travail suffisent pour cirer et décirer 200 feuilles 30/40 et l'on use au plus une main de buvard blanc très-fort pour cette opération.

« Après le décirage, le papier est soumis au bain d'iodure.

BAIN N° 1, D'ALCOOL IODURÉ

700 grammes d'alcool à 40°.	⎫	dissous dans	
34 — d'iodure de potassium. . . .	⎬	300 grammes	
3 — de bromure de potassium. . .	⎬	d'eau	
0,2 — 5 d'iode en paillites	⎭	distillée.	

Deux ou trois gouttes de brome, 1 gr. du mélange de cire et de paraffine pour saturer le bain et l'empêcher d'attaquer le papier ciré pendant l'ioduration,

« Le bain prend une teinte brun-rouge assez foncée.

« Au moment de s'en servir, on filtre ce bain dans une cuvette de porcelaine, et l'on doit avoir une quantité de liquide assez abondante pour que les feuilles qui doivent être iodurées soient complétement immergées.

Il faut un bain de 1,500 grammes pour quarante feuilles négatives 30/40 ; ce bain sert jusqu'à épuisement. Les feuilles sont plongées l'une après l'autre dans l'alcool ioduré, en évitant les bulles d'air. Du reste, en soulevant la feuille, on les fait disparaître dès qu'il s'en est formé ; une courte agitation de la cuvette suffit pour plonger la feuille entièrement dans le liquide.

« J'indiquerai ici une précaution que j'observe pour tous mes bains. Avant de mettre le papier négatif ou positif en contact avec le liquide, je promène lentement une bande de papier de soie à la surface pour enlever toutes les impuretés ou réductions qui pourraient exister ; et ceci s'applique au bain d'iodure, de nitrate d'argent négatif ou positif, d'acide gallique additionné de nitrate d'argent, d'hyposulfite de soude négatif ou positif. — Les feuilles ayant été plongées une à une dans le bain d'iodure doivent y rester jusqu'à ce qu'elles aient pris une teinte brune tirant sur le rouge, qui viendra plus ou moins rapidement selon l'ancienneté du bain.

« Le temps d'immersion pourra varier de deux à trois heures, *sans inconvénient*. Quelque temps avant de retirer les feuilles, on retourne tout le paquet dans la cuvette, à l'aide de pinces en corne (1), de manière que la feuille la première plongée dans le liquide se présente la première pour être retirée. Il vaut encore mieux placer les feuilles une à une dans une autre

---

(1) Il ne faut jamais, quel que soit le bain dont on se sert, toucher les feuilles autrement qu'avec des pinces, qui seront, bien entendu, différentes pour chaque nature de bain.

cuvette contenant 1,000 grammes du bain ioduré n° 1.

« Les feuilles sont enlevées du bain d'iodure une à une, et suspendues à une corde légèrement tendue, à l'aide de pinces en bois (1), préférables aux épingles, surtout pour les feuilles d'assez grande dimension. On peut fixer, au plafond de l'atelier, des bandes de bois blanc parallèles à la corde et à 0^m20 de celle-ci; sur ces bandes de bois, on pique les feuilles au moyen d'épingles noires pour les empêcher de s'enrouler pendant qu'elles sèchent. Pour faciliter l'écoulement du liquide, on met à l'angle inférieur de chaque feuille un petit morceau de papier de soie.

« Au bout de moins d'une heure de suspension, les feuilles sont sèches et prêtes à être placées une à une entre les feuilles de buvard d'un cahier relié spécial. Ce papier a donné de très-bons résultats au bout d'un an de conservation.

« Cette manipulation est la seule qu'on puisse faire en pleine lumière; toutes les autres doivent être faites dans une chambre obscure, à la clarté d'une bougie, ou d'une lampe renfermée dans une lanterne en verre jaune-orangé.

« M. Régnault a donné un moyen plus complet d'ioduren le papier : On plonge les feuilles cirées dans un cylindre en verre contenant la solution iodurée; l'immersion une fois complète, à l'aide de la machine pneu-

(1) Ces pinces en bois se trouvent dans le commerce, mais elles ne serrent pas suffisamment la feuille : aussi est-il nécessaire, avant de s'en servir, d'enrouler autour de chacune d'elles un bracelet en caoutchouc.

matique on fait le vide dans le cylindre, l'air contenu dans le papier s'échappe, est remplacé par le liquide, et l'ioduration des feuilles est parfaite.

« On coupe les feuilles à la grandeur qu'elles doivent avoir dans les châssis, et on les range avec soin dans le cahier de buvard spécial, jusqu'au moment de la sensibilisation.

BAIN SENSIBILISATEUR

« Pour avoir des négatifs bien complets, il vaut mieux sensibiliser le papier le matin même du jour où l'on doit opérer; on peut tout au plus se permettre de faire cette opération la veille au soir. Le papier, préparé depuis deux jours, donne souvent des épreuves d'un aspect légèrement grenu, et les tons noirs peuvent prendre une teinte rougeâtre.

« La composition du bain sensibilisateur est la suivante :

BAIN Nº 2

Eau distillée	1000	gr.
Nitrate d'argent fondu	67	»
Acide acétique cristallisable	35	»
Nitrate de baryte	1	»
Kaolin lavé, environ	15	»

« Dans 900 grammes d'eau distillée, on fait dissoudre les 67 grammes de nitrate d'argent fondu; dans les autres 100 grammes d'eau distillée, le gramme de nitrate de baryte.

« On mêle les deux solutions et on verse dans le mélange les 35 grammes d'acide acétique; on filtre le bain au moment de s'en servir, et il peut suffire à cinquante épreuves 37/27, en ayant soin d'ajouter 8 grammes de nitrate d'argent fondu chaque fois qu'on a préparé dix feuilles.

« Quand on a sensibilisé cinquante feuilles, on prépare une fraction du bain n° 2, qui remplace la quantité de liquide perdu, et on l'ajoute à l'ancien bain, qui sert alors à préparer cinquante autres feuilles, en ayant toujours soin de mettre dans le bain 8 grammes de nitrate d'argent fondu par chaque série de dix feuilles sensibilisées.

« Après avoir ainsi préparé cent feuilles 37/27, il vaut mieux faire un bain n° 2 entièrement neuf; on peut, bien entendu, retirer l'argent du vieux bain. On ne plonge qu'une feuille à la fois dans le bain n° 2, et, quand la teinte brune tirant sur le rouge a entièrement disparu pour faire place à une teinte uniforme d'un jaune pâle qui fait paraître, à la lumière d'une bougie, la feuille complétement blanche, on plonge cette feuille dans une cuvette d'eau distillée qui reçoit également toutes les autres feuilles, à mesure qu'elles ont été sensibilisées.

« Cette première eau de lavage doit être conservée pour être ajoutée en petite quantité au bain d'acide gallique.

« On fait un deuxième, un troisième et un quatrième lavage des feuilles en changeant l'eau chaque fois.

« Ces lavages doivent être faits, autant que possible, à l'eau distillée ou à une eau peu chargée de sels.

« Ces opérations durent trente à quarante minutes pour quatre ou cinq feuilles, et l'on peut alors considérer le papier négatif comme étant entièrement débarrassé de tout sel nuisible.

« Pour sécher le papier sensibilisé, on éponge chaque feuille dans trois feuilles de papier buvard successivement.

« L'opération se fait de la manière suivante : On prend la première feuille sensibilisée, on la porte avec des pinces dans une première feuille double de buvard ; on l'éponge ; puis, toujours avec les pinces, on la fait passer dans une deuxième, une troisième feuille de buvard, et, enfin, dans le portefeuille préservateur.

« On jette la première feuille de buvard trop imbibée d'eau, et on fait passer la deuxième feuille sensibilisée dans la deuxième feuille de buvard, dans la troisième de la première opération, dans une feuille de buvard neuf, et enfin dans le portefeuille ; ainsi de suite pour les autres feuilles sensibilisées, c'est-à-dire que si l'on a six feuilles sensibilisées, on a besoin, pour les sécher, de huit feuilles doubles de buvard. Le papier négatif reste dans le portefeuille préservateur jusqu'au moment où il est placé dans les châssis.

« Je ne me sers, pour prendre des vues, que du châssis en carton de M. Charles Chevalier, châssis que je trouve le plus commode de tous pour les longues excursions à cause de sa grande légèreté, qui rend très-facile le transport de quatorze châssis.

« Il faut couper la feuille sensibilisée à la grandeur convenable, et la fixer aux deux angles et au milieu de la bande supérieure par un peu de cire vierge sur le carton intérieur du châssis,.et aux deux angles, ainsi qu'au milieu de la bande inférieure (qui porte le recouvrement), avec un peu de gomme arabique en dissolution épaisse; on ferme le châssis et on le place dans sa boîte (1).

CHOIX DU PAYSAGE ET MISE AU POINT

« Le choix de la vue à prendre est à la fois la chose principale et celle qui offre le plus de difficultés, mais il n'est pas possible de donner d'autres indications que celles qui sont fournies par les règles de la composition dans le paysage. On peut cependant admettre, je crois, d'une manière générale, comme principe : qu'on doit rechercher autant que possible les oppositions vigoureuses d'ombre et de lumière qui ôtent à l'épreuve ce ton uniforme résultant d'une lumière, répandue à peu près également sur les différents objets. On obtient souvent ce résultat en prenant le paysage éclairé, soit à droite, soit à gauche, et quelquefois avec le soleil devant soi; mais, dans ce dernier cas, l'emploi du cône en avant de l'objectif, emploi toujours utile, devient indispensable pour n'avoir pas les rayons du soleil dans l'objectif.

« On ne saurait trop insister sur la mise au point rigoureuse du premier plan, supposé à 15 ou 20 mètres

_____

(1) A la suite de ce mémoire, on donnera la description du châssis observateur.

environ de l'instrument; le premier plan, venant très-net sur l'épreuve avec ses lumières et ses ombres fortement accusées, sert de repoussoir et fait comprendre l'éloignement des différents plans qui se succèdent et vont, en s'affaiblissant, jusqu'à ce que le dernier se confonde presque avec l'horizon.

« Cette décroissance dans l'intensité et dans la netteté des plans constitue la perspective aérienne.

« Une mise au point qui donnerait la netteté maximum au deuxième et au troisième plan, aux dépens du premier, produirait un effet faux et ôterait toute harmonie au paysage.

« Dans la reproduction d'un panorama, en plusieurs épreuves, qui nécessite l'horizontalité de l'instrument, il arrive assez souvent que des portions du terrain sur lequel on est établi viennent dans l'épreuve. On ne peut mettre au point sur ce terrain, trop près de l'appareil, sans sacrifier le panorama ; dans ce cas, ce premier plan involontaire, nécessairement flou, doit être considéré comme une chose fâcheuse que l'on subit, et qu'il faut éviter autant que possible.

« Le choix du paysage a une importance telle, qu'une épreuve médiocrement réussie (sous le rapport photographique), d'une vue bien choisie, produit toujours un bon effet, tandis qu'une épreuve d'une très-bonne réussite photographique produit un effet médiocre si le choix du paysage n'a pas été bon.

TEMPS DE POSE

« Le papier, préparé par les procédés indiqués, donne, pendant les mois de juin, juillet, août, septembre, de faibles variations dans le temps de pose. Ainsi, par un beau soleil, une lumière diffuse, ou un ciel même un peu nuageux, que l'heure varie entre huit heures du matin et quatre heures du soir; au bord de la mer, ou sur des montagnes à 3,400 mètres environ au-dessus du niveau de la mer, le temps de pose a varié, pour un appareil 27/21 de M. Charles Chevalier, de cinq à dix minutes, et presque toujours de six à huit minutes. Pour un appareil 37/27, sortant aussi des ateliers de M. Charles Chevalier, le temps de pose a varié de onze à dix-huit minutes, et a été presque toujours de douze à quinze minutes.

« Je me sers de l'objectif, à verres combinés pour paysages, avec le petit diaphragme, c'est-à-dire un diaphragme d'une ouverture de 15 millim. 37/27.

« Ces indications n'ont rien d'absolu, mais chaque opérateur, en étudiant son appareil, pourra en trouver d'analogues dans des limites aussi restreintes.

APPARITION DE L'IMAGE

« On fait dissoudre à chaud, dans une petite quantité d'eau distillée, 3 grammes et demi d'acide gallique, et on étend la solution d'eau distillée froide, de manière à avoir le bain suivant :

BAIN N° 3.

Eau distillée................	1000 gr.
Acide gallique..............	3 » 5 déc.

« La solution étant froide, on en verse, dans une cuvette très-propre (1), la quantité nécessaire à un bain assez abondant pour immerger complétement et facilement l'épreuve négative.

« Un moyen plus commode de préparer l'acide gallique se trouve dans la *Chimie photographique* de MM. Barresville et Davanne, 2ᵉ édition, page 185.

« Pour éviter l'ennui de faire à chaque instant des solutions d'acide gallique, qui ne se conserveraient pas si elles étaient préparées à l'avance, M. Crooks a donné le procédé suivant : On dissout dans 1 litre d'alcool à 38 degrés 200 grammes d'acide gallique, on filtre dans un flacon et on ajoute 10 grammes d'acide acétique ; on a ainsi un liquide dont 5 centimètres cubes représentent 1 gramme d'acide gallique. Cette solution se conserve indéfiniment.

« A l'aide d'une pipette graduée, on puise dans le flacon 18 centimètres cubes de la solution concentrée d'acide gallique, on les verse dans 1,000 grammes d'eau et on obtient le bain révélateur n° 3.

---

(1) On ne saurait trop insister sur la propreté absolue des cuvettes qui servent à l'acide gallique ; il faut, après des lavages répétés, les essuyer avec une ou deux feuilles de papier de soie, puis les laver à l'eau distillée avant de s'en servir. Si la cuvette n'est pas parfaitement propre, l'acide gallique ne tarde pas à se troubler, à noircir, et l'épreuve se couvre de taches.

« Ce bain est additionné d'une faible quantité d'eau de lavage (1).

« On enlève, à l'aide d'une bande de papier de soie, les réductions qui ont pu se produire à la surface, et on étend sur ce bain l'épreuve négative, en ayant soin d'éviter les bulles d'air; on agite la cuvette pour faire rapidement plonger l'épreuve, on retourne celle-ci (2) pour faire disparaître les bulles qui pourraient exister, et on surveille le développement de l'image.

« Si le temps de pose a été convenable, l'image apparaît avec un ton roux qui se fonce et passe graduellement au noir; les blancs doivent se montrer et se conserver très-purs, vus par transparence; on arrête l'opération quand l'épreuve, très-vigoureuse de ton, donne tous les détails que l'on pouvait espérer; si on voyait auparavant les blancs se ternir et l'épreuve commencer à devenir grenue, il faudrait immédiatement transporter la feuille dans une cuvette d'eau ordinaire, la laver et la placer dans une nouvelle solution d'acide gallique pour la terminer; car la prolongation de son séjour dans l'acide gallique, déjà altéré, la rendrait tout à fait mauvaise.

« L'épreuve, en sortant de l'acide gallique, est plongée dans une cuvette d'eau ordinaire, et, avec un pinceau

(1) Première eau de lavage des feuilles sensibilisées.

(2) On peut, quand l'exposition à la lumière n'a pas été suffisante, verser dans le bain d'acide gallique, avant d'y mettre l'eau de lavage, une petite quantité d'eau distillée contenant 30 grammes de sucre ordinaire pour 1,000 grammes d'eau, et l'on obtient ainsi une épreuve vigoureuse, tout en conservant la parfaite pureté des blancs.

qui ne sert qu'à cet usage, on frotte doucement le papier sur les deux faces pour enlever les réductions qui pourraient y adhérer faiblement.

« On fait subir à l'épreuve trois lavages au moins, puis on la plonge dans un bain abondant d'eau ordinaire où viennent successivement prendre place les autres épreuves, jusqu'au moment du fixage.

FIXAGE

« On peut employer, quand on est pressé, un fixage provisoire qui n'offre aucun inconvénient, et permet d'attendre quinze jours et même un temps beaucoup plus considérable un fixage définitif, pourvu toutefois que les épreuves soient conservées à l'abri de la lumière.

FIXAGE PROVISOIRE

« On fait dissoudre dans de l'eau ordinaire 15 à 20 grammes d'hyposulfite de soude par 100 grammes d'eau.

« On plonge les épreuves une à une dans ce bain en évitant les bulles d'air; on les y laisse séjourner dix minutes, on les lave à deux ou trois eaux, on les sèche et on les conserve à l'abri de la lumière du jour jusqu'au fixage définitif.

BAIN N° 4. — FIXAGE DÉFINITIF

Eau............................. 1000 gr.
Hyposulfite de soude, de 200 à.... 250 »

« Si les épreuves ont été séchées, on les plonge une à une dans une cuvette d'eau, puis dans le bain d'hyposulfite, l'image en dessous, en ayant soin d'éviter les bulles ; on retourne chaque feuille après l'avoir plongée, on l'examine et on la replace dans la même position ; on traite de même la deuxième, la troisième épreuve.

« Il faut éviter de placer plus de cinq ou six épreuves dans la même cuvette. Quand la dernière feuille est immergée depuis dix minutes au moins dans le bain, on peut porter la cuvette au jour pour s'assurer de l'état d'avancement de l'opération, et continuer le fixage, s'il y a lieu, dans la chambre noire.

« Pour qu'une épreuve soit complétement fixée, il faut que la teinte jaune de l'iodure d'argent ait entièrement disparu. Si l'épreuve est très-vigoureuse, on pourra prolonger un peu son séjour dans l'hyposulfite ; si, au contraire, elle est faible, il faudra la surveiller davantage et arrêter le fixage à la disparition complète de la teinte jaune.

« On lave les épreuves pendant cinq à six heures dans des bains abondants d'eau ordinaire, en ayant soin de changer cette eau huit ou dix fois, puis on les sèche entre des feuilles de papier buvard.

DÉCIRAGE

« La dernière opération est celle du décirage. L'épreuve parfaitement séchée, vue par transparence, a un aspect grenu que l'on fait disparaître en la plaçant entre deux feuilles de papier buvard sur lesquelles on passe un fer modérément chaud.

« On serre alors dans un carton relié spécial chaque épreuve entre deux feuilles de buvard, en évitant surtout de la froisser.

OBSERVATION

« L'emploi de l'eau distillée n'est pas d'une nécessité absolue ; non-seulement l'eau de pluie recueillie avec soin la remplace, mais dans les pays de montagnes les sources, les torrents provenant des glaciers ou des terrains granitiques, et ne contenant ni sulfures ni sels de fer ou de cuivre, donnent de l'eau supérieure à l'eau distillée, car le bain d'acide gallique dans lequel on s'est servi de ces eaux reste incolore plus longtemps que si on avait employé l'eau distillée.

ÉPREUVES POSITIVES

« Je prends un papier fortement albuminé et préparé au chlorhydrate d'ammoniaque, à la dose de 2 grammes pour 100 grammes de liquide ; après avoir choisi les feuilles et les avoir coupées à la grandeur convenable, je les place pendant six à sept minutes sur un bain de nitrate d'argent de la composition suivante :

```
Eau distillée...............    1000 gr.
Nitrate d'argent fondu......     200  »
```

en ayant soin que le bain ne vienne pas mouiller l'envers de la feuille.

« Pour les sécher, je les suspends avec des pinces en bois à une ficelle faiblement tendue et je place à l'angle inférieur de chaque feuille un petit morceau de papier de soie. Le papier positif étant bien sec, je tire les épreuves vigoureuses de ton, car le bain d'hyposulfite doit beaucoup les affaiblir ; de plus, une épreuve vigoureuse de ton a plus d'effet qu'une épreuve pâle et passe moins vite.

« MM. Davanne et Girard ont conseillé, dans leur excellente étude des positifs (*Bulletin de la Société française* du mois d'août 1860), l'emploi d'un bain de bicarbonate de soude et de chlorure de sodium pour la conservation des épreuves.

« Je me suis servi de ces indications pour former un bain de fixage et de virage, dans lequel l'hyposulfite de soude conserve une grande stabilité.

FIXAGE ET VIRAGE

« Je prends :

Eau filtrée...................... 1000 gr.
Hyposulfite de soude............ 130 »

« Je fais dissoudre à chaud 1 gramme de bicarbonate de soude et à froid 5 grammes de chlorure de sodium par 100 grammes d'eau ; je filtre et je verse les 100 grammes de cette dissolution dans le bain d'hyposulfite ; après avoir agité, j'ajoute 100 grammes d'eau filtrée contenant un 1/4 de gramme de chlorure d'or ; ainsi le bain de fixage et de virage a la composition suivante :

Eau filtrée...................... 1260 gr.
Hyposulfite de soude............ 130 »
Bicarbonate de soude............ 1 »
Chlorure de sodium.............. 5 »
Chlorure d'or................... 0 25

« Je ne fixe jamais plus de quatorze épreuves 27/37 à la fois dans la même cuvette. L'épreuve est d'abord plongée, l'image en dessous, dans une cuvette d'eau ordinaire, puis dans le bain d'hyposulfite, en évitant la formation des bulles d'air; je retourne l'épreuve, je l'examine et je la remets, l'image en dessous; je fais la même opération pour une deuxième épreuve : je retourne les deux feuilles à la fois, je les examine attentivement et je les replace dans leur première position.

« J'opère de même pour les deux épreuves suivantes, puis pour deux autres, et ainsi de suite jusqu'aux deux dernières; puis je retourne le paquet des quatorze feuilles, je les examine de nouveau une à une et je les replace, l'image en dessous.

« Ces mouvements multipliés ont pour but d'éviter les taches que produiraient les bulles d'air dans l'hyposulfite en s'attachant aux épreuves, et ce but se trouve ainsi parfaitement atteint.

« Au bout de trois quarts d'heure environ de séjour dans le bain d'hyposulfite, je retourne de nouveau le paquet des quatorze feuilles et je les plonge une à une dans une cuvette d'eau ordinaire.

« Je ne me sers jamais deux fois du même bain d'hyposulfite de soude.

« Les épreuves sont lavées pendant quatre ou cinq

heures dans des bains d'eau abondants, en changeant l'eau toutes les demi-heures, puis suspendues à une ficelle par des pinces en bois semblables à celles qui ont déjà été décrites et qui ne servent qu'à cet usage.

« Les épreuves, parfaitement sèches, sont placées dans des cahiers de buvard reliés et fermés par des cordons pour comprimer davantage les feuilles.

« Le bain de fixage et virage donne aux épreuves un ton chaud de sépia que je préfère à tous les autres pour le paysage.

« On a publié un très-grand nombre de procédés de virage donnant des tons à peu près noirs ; celui que je préfère pour portraits et reproductions de gravures est celui de M. Bayard.

« Au sortir du châssis positif, on commence par bien laver l'épreuve pendant dix à quinze minutes dans un bain abondant d'eau ordinaire, que l'on agite et que l'on renouvelle au moins une fois pendant la durée de cette immersion.

« On prépare ensuite le bain de virage suivant :

« On fait dissoudre, d'une part, dans

Eau distillée................	200	gr.
Chlorure d'or..............	1	»

« On verse cette solution par petites portions, et en agitant sans cesse, dans le bain suivant :

Eau distillée................	800	gr.
Sel ammoniac (chlorhydrate d'ammoniaque)............	20	»
Hyposulfite de soude.........	4	»

« Laisser reposer ce mélange cinq à six heures, jusqu'à ce que la solution soit parfaitement éclaircie.

« On verse, dans une cuvette, une quantité de ce bain suffisante pour recouvrir largement l'épreuve, puis, au moyen d'une lampe à esprit-de-vin, on élève la température jusqu'à 15 ou 20 degrés. On y plonge l'épreuve, qui ne doit pas être tirée trop vigoureusement, parce qu'elle sera très-peu atténuée par le bain de virage. On observe alors les modifications qui se produisent dans la teinte de l'image, et dès qu'elle arrive à un ton noir violacé, on la retire et on la lave à grande eau. Puis, pour achever de la fixer, on la plonge pendant quinze à vingt minutes dans une solution d'hyposulfite à 20 pour 100. Cette solution ne devra servir que pour un petit nombre d'épreuves.

« J'indiquerai encore un procédé de virage donnant une grande variété de tons.

« J'ai obtenu même avec des papiers fortement albuminés les tons les plus chauds (bruns-rouges), les tons noirs et même les tons gris, qui conviennent aux effets de neige, en opérant de la manière suivante : Les épreuves étant lavées à cinq ou six eaux, et placées ensuite dans une cuvette d'eau distillée, sont plongées une à une ou deux à deux au plus dans le bain de virage suivant :

« On prépare deux solutions d'or :

SOLUTION N° 1

Eau distillée...................... 900 gr.
Chlorure d'or.................... I   »

Auxquels on ajoute :

Eau distillée...................... 100 gr.

Contenant :

Bicarbonate de soude........... 1 »
Chlorure de sodium............ 5 »

On filtre ce bain.

SOLUTION N° 2

Eau distillée.................... 1000 gr.
Chlorure d'or................... 1 »
Acétate de soude............... 20 »

« On filtre et on laisse décolorer la solution.

« Le bain de virage est formé de deux parties de la solution n° 1 et d'une partie de la solution n° 2.

« On mélange et on filtre au moment de s'en servir.

« Quand les épreuves vigoureuses de ton ont atteint la nuance que l'on veut obtenir, on les fixe rapidement dans un bain contenant 25 grammes d'hyposulfite pour 100 grammes d'eau, et on les lave à la manière ordinaire.

« Cette manière d'opérer, malgré les soins peut-être un peu minutieux, mais nécessaires, à mon avis, est applicable au laboratoire improvisé du voyage. J'ai trouvé, je dois le dire, une grande facilité pour la reproduction des vues des Pyrénées et des Alpes dans la solidité et le transport facile de mon appareil 37/27, dont on trouvera plus loin la description. »

DESCRIPTION

DE LA CHAMBRE NOIRE DE VOYAGE

DE M. A. CIVIALE

(Voir fig. 63, page 165, subdivisée en 4 figures.)

J'ai cherché à combiner les différents appareils pour en obtenir un, donnant sur papier ciré sec des vues d'assez grandes dimensions, et pouvant se transporter facilement dans les chemins difficiles, soit à cheval, soit à dos d'homme.

Cette chambre noire se compose de deux parties distinctes : 1° la base; 2° la chambre noire proprement dite.

La base représentée figure 1 est formée d'un châssis en bois de noyer consolidé par les traverses AA, BB. A l'extrémité du châssis sont deux languettes CC dans lesquelles une ouverture longitudinale est pratiquée ; deux ouvertures semblables existent aussi en DD ; elles ont en plus à leur face antérieure des divisions dont j'expliquerai plus loin l'usage, ainsi que des deux vis EE. Au moyen des charnières FF, la base se replie et occupe un petit espace (fig. 2).

La chambre noire est semblable à celle dont on fait ordinairement usage, avec cette différence qu'elle est d'un très-court tirage. Sur le devant de cette chambre noire se trouve adapté un soufflet portant la planche où se visse l'objectif.

Après ce bref exposé, voyons comment la chambre noire s'adapte à la base dont nous avons déjà donné la description.

La chambre noire étant placée suivant qu'on le désire, dans le sens de la largeur ou de la longueur, on fait entrer dans les rainures GG (fig. 3) les deux languettes CC (fig. 1), et on maintient le tout en place à l'aide de deux boutons à vis. On développe ensuite le soufflet, et on le fixe à l'autre extrémité de la base à l'aide de deux boutons à vis semblables aux précédents. Les deux tiges des boutons passant dans les rainures DD (fig. 1) permettent d'avancer ou de reculer la planche qui tient l'objectif, et de la sorte modifier la longueur de la chambre noire.

Une règle en cuivre de 0^{m}04 de largeur et de 0^{m}42 de longueur a été placée sur la porte de la chambre noire, sur laquelle elle glisse à frottement; elle est maintenue par un tenon qui sert de guide à une rainure intérieure, et fixée par une vis de pression.

Cette règle, terminée par une partie coudée, reçoit le carton obturateur, qui, au lieu d'être abattu sur la chambre noire, reste dans le prolongement de la feuille sensible et est ainsi préservé de toute oscillation.

Afin de donner toute la stabilité possible à la chambre noire, une barrette en bois H (fig. 3 et 5) se place sur sa partie supérieure. Cette barrette porte à ses deux extrémités des rainures qui permettent de la fixer à l'aide de boutons à vis.

F. 3.
M
M
P P P
0 0
D E
X
C
B
Λ
F. 1. F F
F
Λ
C B
X
D E
F. 2
F. 4.
F. 5.
H
F. SIMON. Sc.
MICHEL. Del.

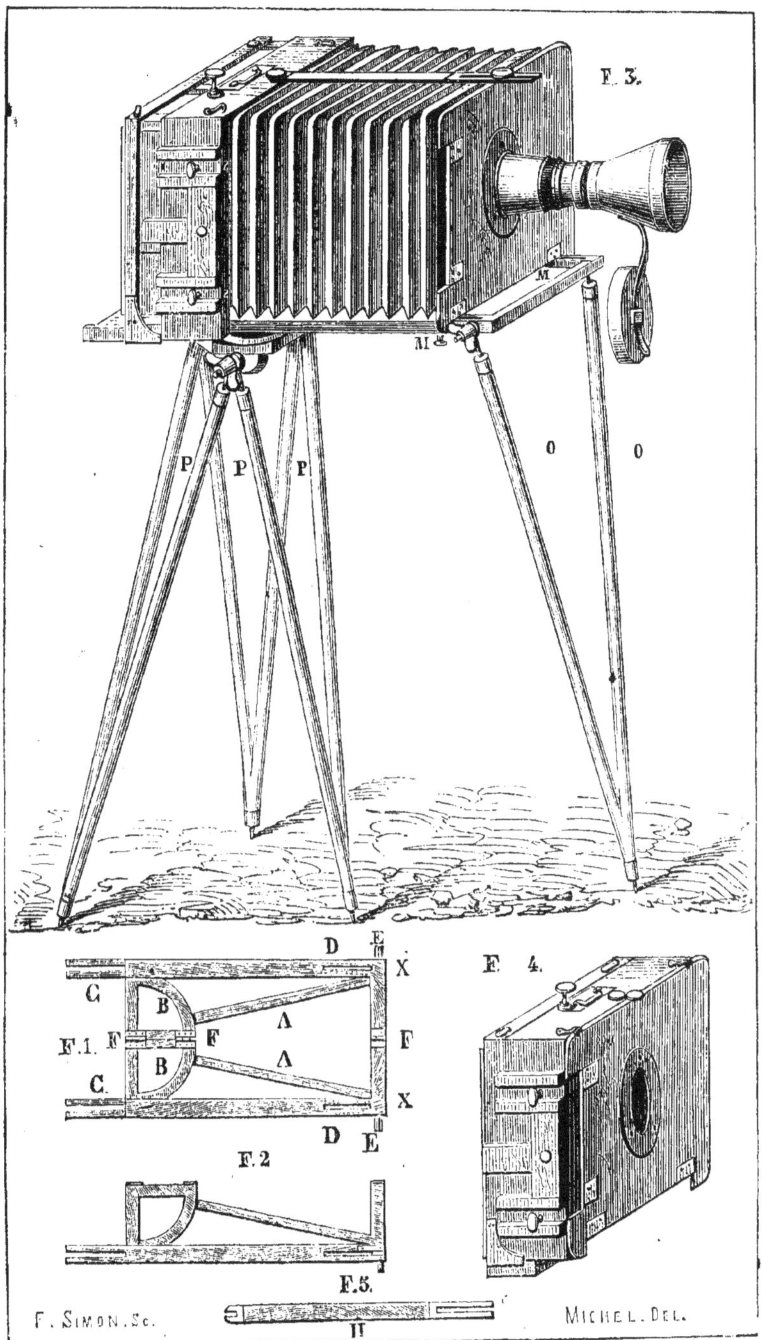

Fig. 63.

Cette barrette porte aussi du côté du devant de la chambre noire des divisions correspondantes à celles de la base et dont j'ai déjà parlé, ce qui permet d'augmenter le tirage et de placer la planche de l'objectif perpendiculairement à la base.

Les boutons à vis sont à demeure et se manœuvrent au moyen d'une clef, sauf deux (MM, fig. 3).

La base qui maintient le tiroir de la chambre noire se replie au moyen de charnières, et se fixe par-dessous à l'aide de deux verrous en bois.

Le tirage de la chambre noire est facilité et régularisé par deux équerres en cuivre fixées au tiroir et glissant sur la base. Ce tirage, malgré son peu de longueur (5 centimètres environ), a été calculé de façon à servir dans tous les cas possibles, car à 10 mètres ou à l'horizon, on peut parfaitement opérer. Le tiroir qui porte la glace dépolie se fixe après la mise au point par un bouton ordinaire placé à la base et aussi par un bouton placé au-dessus de la chambre noire ; de cette façon, tout mouvement devient impossible.

Ainsi que nous l'avons déjà dit, la chambre noire peut se placer dans les deux sens ; ajoutons qu'elle peut servir pour tous les genres de photographie, et qu'elle peut recevoir tous les genres de châssis.

Ayant employé cette chambre noire avec le papier sec (procédé unique pour le touriste photographe), je me suis servi du châssis obturateur de M. Charles Chevalier. Plus loin, on en trouvera la description.

Quant au pied, la figure le fera aisément comprendre. C'est un disque en bois sous lequel est fixé un pla=

, teau de même nature auquel s'adaptent les trois doubles branches PPP, au moyen de pitons entrant dans des tigelles en cuivre ; le tout se maintient à l'aide d'écrous à oreilles. Les deux vis EE de la base (fig. 1) reçoivent deux branches supplémentaires OO qui servent à consolider l'appareil. La tête du pied porte deux niveaux à bulle d'air placés à angle droit pour amener la chambre noire à l'horizontalité.

Pour démonter la chambre noire, rien n'est plus simple : on enlève la barrette, on dévisse les boutons qui tiennent la planche de l'objectif, on remet le soufflet en place, on fixe les crochets, on dévisse aussi les boutons qui tiennent le coffre, on replie la base qui maintient le tiroir ; puis, en dernier lieu, on tire la base des coulisses qui la fixaient à la chambre noire, on dévisse cette dernière de la tête du pied, et le tout se trouve prêt à être mis dans un sac en cuir, organisé à la façon d'un havre-sac de soldat.

Dans un compartiment du sac dont nous venons de parler, on place la tête du pied, et les branches se portent dans un étui *ad hoc* qui reçoit aussi la base pliée.

La chambre noire toute montée se transporte facilement à d'assez grandes distances ; il vaut mieux néanmoins transporter l'objectif séparément.

On observera que, dans la figure 3, la chambre noire se trouve déjà montée dans le sens de la largeur ; il est facile de comprendre que si on voulait placer l'appareil dans le sens de la hauteur, il faudrait de même entrer les languettes CC dans les coulisses GG, l'entrée se trouvant en ZZ et la partie XX (fig. 1) étant celle sur laquelle vient s'adapter la planche de l'objectif.

Dans l'intérieur de la chambre noire, on place une boite contenant quatorze châssis, la glace dépolie et le voile noir; la figure 4 représente la chambre noire fermée.

Cette chambre noire, placée dans son sac, a résisté parfaitement aux accidents fréquents d'un voyage dans les montagnes; placée en portemanteau sur la croupe d'un cheval, elle n'a eu nullement à souffrir de longues courses de 48 kilomètres, coursés faites à des allures rapides.

- L'appareil en station, muni de son quatrième pied, a résisté pendant plusieurs heures aux plus violents coups de vent.

DESCRIPTION DU NOUVEAU CHASSIS

A

PORTEFEUILLE OBTURATEUR

PERMETTANT D'OPÉRER EN PLEINE LUMIÈRE

SANS TENTE NI ABRI

Ce portefeuille obturateur a pour but de permettre de faire les opérations en pleine lumière, à l'aide de papier sensibilisé à l'avance.

Il se compose d'un étui en carton d'une espèce particulière et non employée jusqu'ici pour cet usage : *a b*, figure 64, avec ouverture *c d*, et d'une lame en carton, pliée.

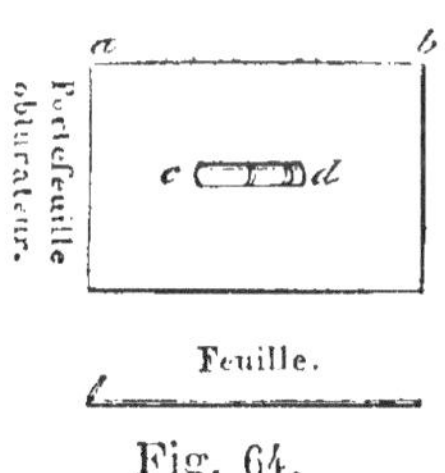

Fig. 64.

Le châssis en bois destiné à placer ce portefeuille est fort simple : il se compose d'un cadre entrant à rainure dans la chambre noire ; ce cadre porte également à l'intérieur une rainure destinée à recevoir le portefeuille et la glace dépolie ; une planchette extérieure maintient le portefeuille à l'aide de tourniquets. L'intérieur du

10

châssis et la planchette sont arrangés de façon à tendre la feuille de papier sensibilisé.

Ce nouveau châssis peut s'adapter à toutes les chambres noires sans qu'il soit nécessaire d'y faire aucun changement, car il se place comme un châssis ordinaire dans la rainure qui reçoit la glace dépolie.

Voyons maintenant comment on fait usage du portefeuille obturateur.

On commence par retirer la feuille de carton qui est dans l'intérieur du portefeuille, on la pose bien à plat sur une table, on y met à la partie supérieure trois petits fragments de cire vierge, aux deux coins et au milieu ; et à la partie inférieure, sous le papier noir, trois petits empâtements de gomme arabique épaisse.

On prend ensuite une feuille de papier sensibilisée que l'on place sur la feuille de carton du portefeuille, en ayant soin de mettre une de ses extrémités sous la petite bande de papier noir fixée à la feuille de carton. Pour fixer la feuille, il ne reste plus qu'à passer la partie plate de l'ongle, ou mieux un couteau à papier sur es parties de la feuille en contact avec la cire ou la gomme, en ayant soin d'interposer entre ce dernier et la feuille un petit morceau de papier.

Cette opération terminée, on remet la lame de carton dans l'intérieur de l'étui protecteur.

La chambre noire étant disposée et le châssis y étant placé, on ouvre le volet et on introduit dans la rainure la glace dépolie; la mise au point étant terminée et la glace retirée, on la remplace par un portefeuille qui s'adapte également dans la rainure; cela fait, ayant placé l'ongle dans l'arrêt placé à la feuille de carton et qui se trouve à découvert par une fente placée dans l'étui, on soulève ce dernier jusqu'au bout de la fente, en ayant soin d'appuyer toujours en bas avec l'ongle pour ne pas relever la feuille de carton tenant le papier; ensuite on appuie légèrement sur la partie de la feuille de carton laissée à découvert, et l'on remonte encore un peu l'étui ; on applique alors à moitié le volet et l'on retire encore le portefeuille ; on ferme alors deux des tourniquets, puis on continue à retirer l'étui jusqu'à la brisure qui y est adaptée ; on ferme alors tous les tourniquets et on maintient le carton à l'aide de la règle en cuivre adaptée à la porte de la chambre noire.

Cette manœuvre, très-simple, pourrait encore être abrégée, mais les précautions indiquées évitent toute possibilité d'introduction de lumière sur la feuille.

Il est bien entendu que les manœuvres du châssis ont été faites l'obturateur de l'objectif étant fermé.

Pour retirer la feuille, on referme l'objectif, on défait deux tourniquets et on pousse de la main droite l'étui, qui se referme à moitié ; on défait ensuite les autres tourniquets, on descend entièrement l'étui, et, à l'aide de l'arrêt qui se trouve à la lame de carton qui tient la feuille, on remonte la lame dans l'étui ; on retire alors la feuille de la rainure du châssis, en ayant soin de replier la partie brisée qui se trouve au bout de l'étui, au moment où ce dernier arrive au bout de la rainure.

Toutes ces manœuvres sont fort simples, et ce châssis-portefeuille est d'un usage excessivement commode, et se recommande à tous les amateurs qui font usage de papier sec, car il dispense de châssis en bois lourds et embarrassants, et donne une coïncidence parfaite entre la glace dépolie et la feuille sensibilisée.

PROCÉDÉ RAPIDE SUR PAPIER CIRÉ SEC

On peut diminuer considérablement le temps de pose pour le papier ciré sec, l'albumine et le collodion secs : les expériences que j'ai faites m'ont donné un résultat presque toujours satisfaisant.

Au mois de mai 1859, j'ai été amené à faire ces expériences en remarquant la rapidité que donne au papier humide la présence du nitrate d'argent, en liberté à la surface de la feuille, et j'ai cherché à mettre le papier ciré sec (après l'exposition à la lumière) à peu près dans les mêmes conditions que le papier humide. J'ai agi de même pour l'albumine et le collodion secs, en les comparant à l'albumine et au collodion humides.

J'ai suivi, pour la préparation du papier ciré sec, le procédé décrit dans les pages précédentes, et le papier sensibilisé étant convenablement lavé et séché, le temps de pose, pour un appareil 37/27, en se servant du verre à paysages et du petit diaphragme, varie de deux à quatre minutes, suivant le paysage à reproduire, au lieu de quatorze minutes, environ, que j'avais indiquées.

Ce résultat est obtenu, en appliquant l'épreuve, après son exposition à la lumière, sur le bain d'acéto-nitrate sensibilisateur, comme une feuille positive sur le bain d'argent. Après vingt-cinq ou trente secondes de séjour sur le bain, je prends la feuille avec des pinces et je la plonge dans le bain d'acide gallique.

> Eau distillée. . . . . 1,000 gr.
> Acide gallique. . . . .   7 »

Bain contenant deux fois plus d'acide gallique que le bain correspondant du premier procédé. Mais sans addition d'eau de lavages.

L'épreuve apparaît rapidement et demande moins de temps pour venir complétement qu'il ne lui en faut dans le procédé déjà donné,

Le papier ciré sec, ainsi traité, présente les avantages et les inconvénients du papier humide, c'est-à-dire plus de rapidité jointe à plus de dureté, et une instabilité un peu plus grande dans les résultats.

Le papier doit être choisi, ne pas être ioduré depuis plus de six mois, et, jusqu'à présent, je n'ai pu obtenir de bons résultats qu'avec des feuilles sensibilisées le matin même du jour où j'ai opéré, mais cependant parfaitement sèches.

Peut-être pourra-t-on arriver à des résultats encore meilleurs en augmentant la quantité d'acide acétique du bain d'acéto-nitrate, ou en modifiant légèrement ce dernier; mais le temps m'a manqué pour ces expériences.

Avec l'appareil 37/27, un portrait vient complétement à l'ombre en vingt-cinq ou quarante secondes et en quinze secondes au soleil; un paysage en trois minutes.

L'appareil 27/21, en employant le verre à paysages

10.

et le petit diaphragme, donne des vues dans un temps qui varie d'une minute à deux minutes.

Les papiers cirés, préparés par d'autres procédés, doivent, par leur application sur le bain sensibilisateur, donner des résultats analogues.

Quant à l'albumine et au collodion secs, en rendant leur surface humide, après l'exposition à la lumière, au moyen du bain sensibilisateur on arrivera à peu près, sinon entièrement, à la rapidité de l'albumine et des collodions humides.

PROCÉDÉ SUR PAPIER

PAR M. A. CUVELIER

Mes idées, en photographie, sont toujours les mêmes que celles émises dans la lettre que je vous ai adressée en 1854 et à laquelle vous avez donné place dans votre *Guide du photographe.*

Je crois, surtout en présence du désir peut-être un peu prétentieux de la photographie à se faire admettre à côté des beaux-arts, qu'il est plus indispensable que jamais qu'au moins une partie notable des photographistes soient artistes, et que ceux qui ne le sont pas ne négligent rien pour le devenir ou tout au moins acquérir les connaissances nécessaires afin de pouvoir choisir leurs motifs et composer leurs tableaux avec ordre, goût et intelligence ; — savoir que l'ensemble et l'effet général d'un tableau sont les choses essentielles, les seules mêmes qui doivent les préoccuper tout d'abord, et que les détails sont généralement insignifiants, puisque l'objectif se charge toujours de les rendre ; — savoir répartir convenablement les masses d'ombre et de lumière, de manière à donner l'importance nécessaire à l'une ou l'autre, selon l'effet que l'on désire obtenir ; — enfin, savoir choisir la place convenable pour avoir un agencement de lignes harmonieux et que le tableau s'encadre bien. Un des moyens pour acquérir ces connaissances, agréablement et avec peu de dépense de temps, c'est de voir et observer souvent la peinture et surtout celle des grands maîtres anciens.

Pour l'étude des anciens, le Louvre offre des ressources immenses; on y trouve bon nombre de Titien, de Paul Véronèse, de Léonard deVinci, de Raphaël, de Poussin, de Claude Lorrain, de Rembrandt, de Rubens, de Van Dyck, de Murillo, de Ribera, de Lesueur et d'une infinité d'autres d'un mérite égal.

Pour l'étude des modernes, le Luxembourg en offre beaucoup moins, car on y remarque l'absence d'œuvres de quelques artistes d'un mérite incontestable et le petit nombre de toiles de quelques-uns de nos maîtres de premier ordre.

Il reste, après ces deux musées, l'exposition de chaque année, les expositions permanentes et les galeries particulières.

Pour arriver à un résultat satisfaisant, il ne suffit pas de passer en revue une galerie et voir légèrement les tableaux comme on le fait en général. Il faut les voir souvent, longtemps et en petit nombre chaque fois, pour éviter la confusion.

Il faut les étudier avec attention, de manière à bien comprendre les qualités qui distinguent chacun d'eux et conserver assez le souvenir pour en faire au besoin un croquis rendant l'ensemble de la disposition des lignes et de l'effet, par masses bien entendu, — cela suffit pour les besoins de la photographie.

Il ne faut étudier que les œuvres qui ont un mérite réel, et se méfier de ces croûtes dont les auteurs n'ont de l'artiste que le chapeau pointu, les excentricités et le métier.

On rencontre donc parmi les peintres des *artistes vrais* et des *hommes de métier*, et, bien que la proportion ne soit pas dans le même rapport des deux côtés, il faut reconnaître que parmi les photographistes il y a aussi des *artistes* et des *ouvriers*.

Ceux qui prétendent que la photographie n'est pas uniquement un métier sont donc dans le vrai, s'ils reconnaissent que l'art, dans la photographie, a des limites beaucoup plus restreintes.

Tout homme impartial reconnaîtra que la photographie est ou peut être une œuvre d'art, et cela me paraît incontestable; mais il y a justice à reconnaître qu'elle ne saurait être mise sur la même ligne que la peinture, attendu que celle-ci doit être vue dans ses hommes de génie, ces vrais artistes dont les œuvres sont des créations qui leur sont propres, et non dans cette multitude de peintres qui n'ont d'autre talent que celui de copier la nature et d'être souvent inférieurs au photographe intelligent.

La photographie n'est, en fait, qu'un copiste *exact* plus ou moins intelligent, doué ou non de sentiment artistique. Elle ne saurait créer, rendre une pensée, ni faire ce qu'on appelle du grand art.

Or, comme elle ne saurait avoir de génie, elle ne saurait raisonnablement prétendre à une place qui ne lui appartient pas. Mais je pense qu'il serait équitable de l'admettre au Salon, dans une *section spéciale*, par la raison qu'on y reçoit la gravure, la lithographie, des dessins, des copies de tableaux et même des copies de photographies (si mes souvenirs sont exacts, je crois avoir vu au Salon de 1861, parmi les dessins, la copie d'une vache blanche, photographiée par M. Aguado); aussi parce qu'elle doit être considérée comme un auxiliaire très-utile à la peinture et devant lui rendre de grands services par l'exactitude de ses renseignements.

La Société de photographie pourrait peut-être faire avancer cette question en divisant ses expositions en deux catégories : l'une pour les épreuves de mérite comme exécution ; l'autre pour les épreuves qui ont une valeur artistique, réelle, et faire également deux catégories de récompenses.

Si le sentiment de l'art est indispensable pour produire des épreuves photographiques de valeur, il n'est pas moins important que le photographiste possède de bons objectifs et qu'il sache choisir les procédés qui conviennent le mieux aux différents effets qu'il désire rendre, et faire en cela comme le peintre, qui modifie sa palette selon le besoin.

Tous les procédés peuvent être employés, mais quelques-uns offrent de grandes difficultés pour rendre la nature telle que nos yeux la voient et telle que nous voudrions la reproduire en dessin, si nous en avions le talent, c'est-à-dire avec fermeté, sans dureté ni sécheresse, en même temps avec cette harmonie et cette douceur produites par la couche d'air interposée.

L'albumine, le papier ciré et le collodion sont de ce

nombre. Les deux premiers font dur et sec ; le troisième n'a pas de puissance. Ces procédés ne doivent pas être rejetés ; ils ont, au contraire, leur utilité. L'albumine convient pour l'architecture lorsqu'on a besoin de détails très-précis et bien accusés; elle convient encore pour les épreuves stéréoscopiques, parce que, dans ce cas, la sécheresse se trouve détruite.

Le collodion est indispensable pour le portrait et les animaux, à cause de sa grande rapidité. Il est aussi très-utile pour les épreuves destinées aux grandissements. Je crois qu'on devrait s'abstenir de l'employer au delà de la grandeur et demi-plaque. Les grandes épreuves doivent être réservées uniquement au papier.

Le papier humide à l'iodure d'ammonium a toujours été l'objet de mes préférences, parce que seul il réunit les deux qualités essentielles, la *puissance* et surtout l'*harmonie ;* mais j'ai reconnu qu'il n'était pas possible lorsqu'on veut s'éloigner de chez soi, et c'est pour cette raison que j'ai cherché depuis longtemps un papier sec réunissant les mêmes qualités et plus de promptitude que ceux employés jusqu'à ce jour.

Celui qui m'a réussi possède une qualité précieuse à mes yeux, c'est de rendre la valeur *exacte* des tons, de donner les détails complets dans les parties les plus sombres sans solariser les parties les plus lumineuses ; enfin, d'obtenir des résultats complets dans les conditions de lumière impossibles avec les papiers connus.

J'ai opéré avec un succès complet au coucher du soleil, ayant pour premier plan un dessous de bois et pour second plan des objets très-blancs en pleine lumière. Le temps de pose a été de trente minutes, avec le grand appareil, pour le paysage de M. Ch. Chevalier.

J'ai également fait un intérieur d'atelier avec des plâtres placés sur le point le plus éclairé.

Je doute qu'aucun procédé sur papier puisse donner ces résultats. Je l'ai plusieurs fois tenté avec le papier humide sans succès. Si j'avais quelques détails dans les parties sombres de l'atelier, les parties éclairées étaient solarisées.

Ce papier est trois fois plus prompt que celui ciré ou préparé au sérum, mais il se conserve moins long-temps.

En hiver, trois ou quatre jours; en été, un jour ou deux.

Pendant les grandes chaleurs, il faut l'employer dans la journée de sa préparation.

Les personnes qui désireront une plus longue con-servation pourront l'appliquer avec avantage au papier ciré ; mais je recommanderai aux amateurs de bonnes épreuves de toujours employer le papier sensibilisé le plus tôt possible, car, bien que l'on ait dit et écrit que le papier ciré se conservait trente et même soixante jours, je n'y crois pas; l'expérience m'a prouvé que même après trois ou quatre jours, il avait perdu consi-dérablement de ses qualités.

IODURAGE DU PAPIER

Eau distillée................	1000	gr.
Iodure de potassium........	40	»
Bromure id........ 15 à	20	»
Iode	»	70 centigr.
Sucre de lait...	50	»

Pour obtenir la valeur *exacte* des tons, il faut 20 grammes de bromure, et l'on pourrait même dépasser cette quantité avec avantage dans certaines circonstances. En ne mettant que 15 grammes, on obtient des effets d'une grande puissance. Il serait bon d'avoir plusieurs bains d'iodure à différents dosages de bromure, pour varier ses effets selon son goût et les circonstances. Ces variétés rompent la monotonie du métier, et ont beaucoup de charme pour l'amateur.

On plonge une à une et complétement la quantité de feuilles de papier que l'on veut préparer ; on retourne la masse afin de mettre en dessous celles qui se trouvaient au-dessus ; on les laisse baigner pendant une demi-heure au moins et mieux une heure. Avant de les retirer pour les prendre et faire sécher, il faut s'assurer que la teinte violette, très-foncée, est bien égale sur toute la surface, et, dans le cas contraire, prolonger le séjour dans le bain.

Le papier séché complétement doit être conservé *en masse* dans un cahier de papier bien serré et placé dans un endroit sec sans chaleur.

Il est bon de ne pas en préparer pour plus de deux mois, car l'iode finit par se volatiliser, et les propriétés du papier se modifient. La décoloration par places indique la détérioration.

Sensibilisation.

Eau distillée..............	1000	gr.
Azotate d'argent fondu.......	72	»
— de zinc...........	36	
Acide acétique........	36	

Ou bien :

Eau distillée..................	1000	gr.
Azotate d'argent fondu.......	60	»
— de zinc.............	30	»
Acide acétique........	60	»

Je préfère le premier de ces deux bains sensibilisateurs.

Le papier doit y être immergé complétement jusqu'à disparition entière de la teinte colorée.

Il doit être ensuite lavé avec soin à l'eau distillée, à trois reprises différentes. Un lavage incomplet serait nuisible à sa conservation. On sèche ensuite au buvard.

La sensibilisation et le lavage doivent se faire dans un cabinet complétement noir et à l'aide d'une lumière très-faible ou entourée d'un verre jaune. Je ne saurais trop recommander cette précaution : la lumière d'une bougie influence le papier et le fait venir gris dans le bain révélateur.

La chambre garnie de blanc, à l'intérieur, a été préconisée par quelques personnes, et cela m'étonne. Il est vrai qu'elle pare, en partie, à l'inconvénient grave de quelques procédés donnant toujours les parties sombres plaquées solarisées ; elle abrége aussi le temps de pose, mais il faut reconnaître qu'elle n'a jamais donné une bonne épreuve.

Je conseille donc de la rejeter et de suivre le bon conseil donné par M. Ch. Chevalier, de garnir l'intérieur de la chambre noire et de l'objectif en velours noir, afin d'éviter les reflets; ils sont toujours nuisibles.

Il est souvent utile d'employer le cône en avant de l'obturateur lorsque le soleil peut donner dans l'objectif, ou que l'on est placé près d'un mur blanc qui renvoie ses reflets dans l'objectif.

Le cône doit être coupé en sifflet à son extrémité, et le côté placé du côté du soleil pour éviter les rayons dans l'intérieur du cône.

A ce cône, je substitue, avec avantage, un simple disque de 10 à 15 centimètres en carton noirci ou doublé de velours noir et fixé au bout d'un fil du laiton, de longueur convenable, que je plie à volonté pour amener le disque à la place nécessaire et porter de l'ombre sur l'ouverture de l'objectif. L'autre bout du laiton est plié à angle droit et s'adapte dans un petit piston fixé à la chambre noire au-dessus de l'objectif.

Avec ce petit appareil, on peut poser avec le soleil en fa··, pourvu qu'il ne soit pas trop bas. Le paysage, éclairé de cette manière, a quelquefois beaucoup de charme.

Le temps de pose, comme chacun le sait, ne peut être déterminé : il varie selon la lumière, la température, les objectifs et les diaphragmes. Il doit être de moitié au plus de celui exigé pour le papier.

On ne saurait se donner trop de peine ni passer trop de temps pour bien choisir son motif et se placer à la distance et dans la direction convenables pour bien encadrer son sujet.

Il ne faut qu'un mètre, et même moins, trop près ou trop loin, ou de côté, pour décomposer un tableau.

Il faut avoir soin de prendre la quantité convenable,

c'est important ; généralement, on est porté à en prendre trop.

Il est aussi très-important de mettre au point net sur les premiers plans, et de ne pas chercher à avoir une netteté générale en mettant un point sur les plans intermédiaires ; ce serait un contre-sens. Plus les objets s'éloignent, plus ils perdent leur netteté. C'est ainsi que l'œil les voit et que nous chercherions à les rendre en dessin ; la photographie ne peut donc, sous peine de manquer de charme et de vérité, se dispenser de rendre l'effet produit dans la nature par la couche d'air.

Les photographistes, comme tout le monde, admirent les effets du stéréoscope, et cependant la plupart cherchent à faire des épreuves d'une netteté qui va jusqu'à la sécheresse, et prennent la voie opposée à celle que leur indique le stéréoscope.

J'espère que dans un temps plus ou moins reculé, on reviendra de ces erreurs, et qu'on rendra au papier la faveur qu'il n'aurait jamais dû perdre, par la raison que lui seul donne des contours gras et moelleux qui se rapprochent le plus de l'effet produit dans le stéréoscope par la superposition des lignes.

Le choix d'un objectif est aussi important que celui des procédés. Un bon objectif doit, avant tout, conserver la rectitude des lignes sur toute l'étendue de l'image, et l'éclairer également. Ceux de M. Arthur Chevalier sont, sous ce rapport, les plus parfaits, et c'est avec raison qu'ils sont employés par les amateurs sérieux. Aussi je me fais un devoir de les recommander, surtout pour les épreuves de grande dimension.

DÉVELOPPEMENT DE L'ÉPREUVE

Le bain révélateur ne doit être fait que peu de temps avant son emploi. Il est composé de :

> Eau distillée................. 1000 gr.
> Acide gallique..............   4   »

Versez dans une bassine la quantité nécessaire pour baigner complétement le cliché; ajoutez acéto-nitrate, neuf, dix à vingt gouttes, selon la dimension de l'épreuve; opérez le mélange en agitant la bassine, et plongez la feuille, le côté impressionné en dessous.

Après vingt à trente minutes d'immersion, l'épreuve doit être terminée si le temps de pose a été convenable. Si elle était trop faible, on ajouterait quelques gouttes d'acéto-nitrate, et on la surveillerait jusqu'à ce qu'elle fût arrivée au point désiré.

Il est même utile de dépasser ce point, car la couche d'iodure de ce papier étant très-forte et très-colorée, le cliché paraît toujours plus vigoureux qu'il ne l'est après le fixage.

Le cliché terminé est plongé dans l'eau quelques instants ou jusqu'au moment du fixage.

FIXAGE DE L'ÉPREUVE

Le fixage se fait comme celui du papier ciré dans un bain de :

> Eau distillée................. 1000 gr.
> Hyposulfite de soude........   120   »

Seulement, en raison de l'épaisseur de la couche d'iodure d'argent, il demande trois à quatre fois plus de temps. On juge que le fixage est complet, lorsque le papier a repris sa couleur blanche naturelle et que toute trace d'iodure d'argent a disparu. On lave ensuite pendant douze heures au moins en renouvelant l'eau le plus souvent possible.

On sèche dans du papier buvard et on cire, si on le juge convenable.

ÉPREUVES STÉRÉOSCOPIQUES (1)

Si la photographie n'avait pas existé, le stéréoscope aurait-il eu le prodigieux succès qui ne fait que s'accroître chaque jour? Nous croyons ne pas trop nous avancer en répondant par la négative. — Tant que le merveilleux instrument inventé par M. Wheatstone fut employé à faire voir en relief des figures géométriques, il était facile de les dessiner d'après les règles indiquées par l'inventeur; mais aussitôt que l'on voulut faire rentrer dans le domaine du stéréoscope les reproductions des paysages et surtout des être animés, la main de l'homme devint impuissante.

Comment, en effet, serait-il possible à l'artiste le plus habile, le plus patient, de reproduire un portrait ou un paysage sous deux aspects différents, mais avec les mêmes proportions, le même éclairage, la même expression; en un mot, de représenter mathématiquement la même chose vue de deux points différents? Les essais tentés dans les premiers temps de l'apparition du stéréoscope sont encore là pour nous démontrer combien ils laissaient à désirer auprès de l'inexorable exac-

(1) De στερεός, *solide*, et σκοπέω, *je regarde.*

titude des productions photographiques. Aujourd'hui, le stéréoscope est forcément tributaire de la chambre noire, et si, par impossible, celle-ci venait à disparaître, le règne du stéréoscope serait terminé.

De toutes les jouissances que les amateurs trouvent dans la pratique de la photographie, l'une des plus grandes est la production des images stéréoscopiques ; nous donnerons ici la description des moyens les plus simples d'obtenir ces images, et nous la ferons précéder de quelques explications théoriques.

Le stéréoscope nous fait voir en relief des images dessinées sur un plan ; pourquoi et comment ?

Lorsque avec nos deux yeux nous regardons un objet saillant quelconque, nous l'enveloppons du regard ; l'œil gauche voit toute la partie gauche et antérieure de cet objet, et l'œil droit sa partie droite et encore sa face antérieure. L'entre-croisement des rayons lumineux permet bien à certains points de gauche et de droite de venir impressionner les deux rétines à la fois ; mais, pour simplifier, nous croyons pouvoir n'en pas tenir compte dans la production du phénomène visuel qui nous occupe.

En réunissant ou, mieux, en combinant les impressions produites sur chaque œil, nous obtenons la sensation du relief, parce que l'éducation de l'organe et le raisonnement nous ont appris que les corps étaient saillants lorsqu'ils avaient une certaine épaisseur, ou, en d'autres termes, lorsqu'ils n'étaient pas contenus dans un seul et même plan.

Si nous arrivons, par un artifice quelconque, à produire sur les yeux, au moyen d'un dessin, le même effet qu'ils éprouvent lorsqu'ils regardent directement un objet saillant, la sensation sera la même et l'objet dessiné paraîtra en relief. C'est précisément ce que nous faisons avec le stéréoscope, en forçant l'observateur à superposer les deux images placés dans l'instrument.

Quand on regarde un corps situé à 25 centimètres environ, distance de la vision distincte, les yeux sous-tendent un angle d'à peu près 15 degrés. A mesure que l'on éloigne le corps, l'angle diminue ; mais si, au moyen d'une combinaison optique, nous faisons en sorte qu'un objet éloigné paraisse comme s'il était situé à la distance de la vision distincte, bien que réduit par l'effet de la perspective et de la chambre obscure, les yeux qui le regarderont sous-tendront toujours un angle de 15 degrés. Nous produisons cet effet en adaptant au stéréoscope des verres convexes qui nous font voir nettement et un peu amplifiés des objets réduits par le dessin et placés à environ 15 centimètres de distance.

Toutefois, il faut dire que l'effet produit par le stéréoscope est toujours exagéré, surtout pour les objets éloignés. Plaçons devant les yeux un cylindre tenu verticalement à la distance de la vision distincte; les deux yeux verront en même temps la face antérieure et une partie des faces latérales : il en résultera une sensation bien nette de relief. Mais, à mesure que nous éloignerons le cylindre, cette sensation deviendra de plus en plus faible, et, à une certaine distance, elle sera nulle, parce que l'angle visuel diminue progressivement ; c'est précisément ce qui arrive pour les plans reculés d'un paysage, dont les détails nous semblent fondus dans une espèce de nuage où les reliefs ne sont pas appréciables. Le stéréoscope, au contraire, nous fait voir le relief là où nos yeux ne le distinguent plus, et c'est peut-être cette imperfection même qui contribue le plus à l'effet si saisissant, mais souvent très-faux, des images stéréoscopiques.

Reprenons maintenant notre explication où nous l'avons laissée.

La première indication remplie, voyons ce qu'il nous reste à faire pour exécuter convenablement les deux dessins nécessaires à l'illusion stéréoscopique.

Supposons que l'objet soit situé à la distance de la vision distincte; l'objectif de la chambre noire devra prendre successivement la position de chaque œil et venir se placer aux deux extrémités d'une base de 15 degrés. Plus l'objet s'éloignera, plus il paraîtra réduit dans l'appareil, et plus la base devra s'agrandir pour soustendre un angle de 15 degrés. Donc, à mesure que l'objet sera plus distant, les deux stations où l'on devra se placer pour faire les deux épreuves seront aussi plus distantes, et il sera facile de déterminer à l'avance les relations de l'éloignement de l'objet et de la base du triangle formé par l'objet et les deux stations de la chambre obscure.

On a beaucoup disserté, tout récemment encore, sur l'angle stéréoscopique, et, nous l'avouons, toute cette polémique nous a paru beaucoup moins propre à élucider la question qu'à fourvoyer les photographes.

Au lieu d'ergoter et de se décocher une foule de gentillesses sur des mots plus ou moins mal compris de part et d'autre, on aurait agi plus sagement en exposant brièvement les causes du phénomène et les moyens d'opérer avec succès.

Pour nous, voici comment nous comprenons le phénomène :

Supposons que la tête de l'homme soit dilatable, en sorte que la position des yeux puisse varier à volonté ; toutes les fois qu'il s'agira de voir un objet en relief situé à la distance de la vision distincte, l'écartement ordinaire des deux organes visuels sera suffisant ; mais, aussitôt que cet objet s'éloignera de nous, il nous faudra écarter les yeux l'un de l'autre, si nous voulons conserver la même sensation de relief, et il en résultera que, pour des corps très-éloignés, cet écartement prendra des proportions considérables. La sensation que nous éprouverons sera fausse dans ce cas ; mais, encore une fois, c'est cette fausse sensation que nous donnent les images stéréoscopiques, telles qu'on les fait généralement aujourd'hui.

Nous avons bien un moyen de remédier à l'inamovibilité des orbites, en nous plaçant tantôt à droite, tantôt à gauche de l'objet que nous examinons ; mais l'effet de la perspective, la dégradation des plans s'opposent à ce que nous obtenions de ces déplacements l'effet que nous cherchons ; et cela est vraiment heureux, car nous y perdrions toute l'harmonie que présente un beau paysage, les admirables effets des vaporeux lointains, pour ne voir, en définitive, que de sèches découpures comparables, tout au plus, à de mauvaises décorations théâtrales.

N'est-ce pas là l'effet que produisent les images stéréoscopiques sur l'observateur judicieux et à l'abri de cette première surprise produite sur les sens abusés? Toutes les vues exécutées en plein soleil,—ce qui contribue considérablement à augmenter la sécheresse des images fournies par la chambre noire,—ne semblent-elles pas formées de bandes de carton découpées, disposées les unes à la suite des autres, et éclairées par des quinquets placés dans la coulisse?

Reconnaissons pourtant que cette dureté d'aspect est moins sensible pour les plâtres, bas-reliefs et statues, par la raison même que l'image se rapproche davantage de ce que nous voyons naturellement, puisque nous pouvons nous placer auprès de ces objets pour les examiner.

Suivant nous, il faudrait que l'artiste chargé de faire une image stéréoscopique, observant les lois de la perspective, ne fît usage de l'angle de 15 degrés que pour les objets placés sur le premier plan du tableau, et s'abstînt surtout de cet éclairage insupportable dont le bon goût et les organes délicats sont également blessés.

Ceci posé, passons au procédé opératoire, qui présencera quelques différences suivant qu'on reproduira des objets rapprochés, tels qu'une personne, des médaillons, groupes d'objets d'art, statuettes, etc., ou des objets éloignés, comme un monument, un paysage.

Dans le premier cas, l'opération se fait à l'intérieur, dans une chambre ou mieux dans un atelier, et l'on peut arriver au même résultat en déplaçant la chambre noire ou en faisant pivoter l'objet sur lui-même. Dans le second, l'objet est forcément immobile, et le déplacement de l'appareil est le seul moyen auquel on puisse avoir recours.

Nous nous occuperons d'abord des épreuves stéréoscopiques faites dans un atelier ; mais, avant d'entrer dans le détail des opérations, il est indispensable de dire quelques mots sur la nature des objectifs qui conviennent le mieux dans ce cas.

Pour les portraits, on fait presque toujours usage d'un objectif à court foyer, parce qu'il importe surtout de ne pas fatiguer le modèle et de saisir l'expression de la physionomie avant qu'elle ait été modifiée par la contention d'une pose trop prolongée, et l'on comprend que pour faire les deux épreuves absolument nécessaires à toute illusion stéréoscopique, on devra tenir le sujet dans l'immobilité pendant un temps double de celui que nécessite la production d'un portrait ordinaire. Toutefois, il ne faut pas oublier que les objectifs à court foyer ont le grave inconvénient de déformer les objets et de ne donner une netteté parfaite que dans certains points de l'image ; ces défauts sont rendus plus frappants encore par l'effet stéréoscopique : aussi, lorsque l'objet à reproduire présente de fortes saillies, prennent-elles dans le stéréoscope des proportions tellement exagérées que l'œil éprouve une sensation des plus pénibles à l'aspect de ces déformations grotesques.

M. Claudet a été tellement frappé des inconvénients attachés à l'emploi de ces appareils rapides, qu'il recommando, il est vrai, dans une de ses dernières publications, l'usage des objectifs à longs foyers, et dit formellement qu'un atelier de photographie doit avoir au moins 13 mètres de long. *Cette opinion est la nôtre depuis longtemps*, et la rapidité d'exécution que nous fournissent aujourd'hui les procédés photographiques n'ont pu que la fortifier. *Un objectif à long foyer devra donc être préféré toutes les fois qu'on voudra produire des images régulières;* mais nous conviendrons aussi de l'indispensable nécessité où l'on se trouve parfois de faire usage d'un appareil à foyer court.

Nous avons dit plus haut que, pour faire des épreuves stéréoscopiques dans un intérieur, on pourrait avoir recours à deux moyens :

1° La chambre noire restant immobile, on fait pivoter le modèle sur lui-même ;

2° L'objet étant immobile, on déplace la chambre noire.

Premier procédé. — On fait construire une plateforme à pivot, assez grande pour que le modèle puisse s'y placer commodément. Sur cette plate-forme est tracé un angle de 15 degrés dont le sommet correspond à l'axe du pivot. Une ligne tracée sur le sol, ou un cordon tendu entre cet axe et le centre du pied de la chambre noire, sert en même temps de repère à la plate-forme et à régler la position de l'objectif, dont l'axe doit être toujours parallèle à ce cordeau.

Un des côtés de l'angle placé sur la plate-forme étant placé dans le prolongement du cordeau, donnez au modèle la pose convenable, et faites la première épreuve ;

aussitôt qu'elle est terminée, tournez la plate-forme jusqu'à ce que l'autre côté de l'angle se trouve dans le prolongement de la corde, et de suite prenez la seconde image.

Cette manière d'opérer a un grave inconvénient, car, en faisant pivoter l'objet sur lui-même, les ombres changent de place et ne sont pas similaires dans les deux épreuves ; il faut donc accepter cette méthode seulement comme démonstration et préférer le procédé suivant :

Deuxième procédé. — Dans une planchette d'environ 1 mètre de long, faites pratiquer une ouverture longitudinale de 0^{m}80 et d'environ 0^{m}01 de large, suffisante enfin pour qu'un boulon à tige filetée puisse la parcourir aisément, sans toutefois y avoir trop de jeu. Cette planchette doit être fixée sur le pied de la chambre obscure au moyen de deux petites presses.

Un trou pratiqué dans le prolongement postérieur de la chambre obscure reçoit le boulon à tige filetée dont nous avons déjà parlé, en sorte que, ce boulon étant placé dans la fente de la planchette et maintenu au-dessous au moyen d'un écrou à oreilles, on peut promener la chambre obscure d'un bout à l'autre de la planchette, la faire pivoter sur le boulon et la fixer en un point déterminé.

Lorsque le siége qui doit recevoir le modèle est convenablement placé, et que le pied est situé en face et à la distance nécessitée par la grandeur de l'image, on fixe par le milieu de sa longueur une ficelle au centre du siége ; puis, à l'aide d'un rapporteur ou d'un calibre taillé à cet effet, on figure avec les deux bouts de la ficelle un angle de 15 degrés que l'on prolonge jusqu'à la rainure de la planchette, sur laquelle on trace à la craie les prolongements des côtés de l'angle.

Il est important que les deux stations de la chambre obscure soient à la même distance du modèle, afin que les images aient les mêmes dimensions, sans quoi elles ne pourraient se superposer exactement. Mais on conçoit que ceci n'offre aucune difficulté, puisqu'il suffit de donner aux deux bouts du cordeau la même longueur du sommet de l'angle à sa base. D'ailleurs, il est toujours facile de mesurer au compas, sur la glace dépolie, une même partie des images pour arriver à une égalité parfaite.

Cette opération terminée, on amène successivement la chambre noire sur les deux traits, en ayant soin de la faire pivoter, en sorte que ces derniers soient compris dans un plan qui, du centre de l'objectif, tomberait sur le boulon postérieur, ce qu'il est facile d'obtenir en faisant un repère sur le côté inférieur de la paroi antérieure de la chambre noire.

Pour éviter la plus grande partie de ces opérations préparatoires, il suffit, après que les distances ont été déterminées par une première expérience, de tracer sur le sol les positions exactes du siége et du pied, pour les retrouver de suite chaque fois qu'on voudra opérer dans les mêmes conditions; mais quand il faut varier les dimensions des images, il devient indispensable de prendre de nouvelles mesures ou alors de dresser expérimentalement une table des rapports qui doivent exister entre les distances du sujet à la chambre obscure et les longueurs des bases. Quoique cette détermination n'offre aucune difficulté, nous en épargnerons la peine à nos lecteurs en plaçant à la fin de ce chapitre une table des distances et des bases depuis 1 jusqu'à 3 mètres.

Actuellement, il ne reste plus qu'à placer le modèle sans déranger la position du siége, et à faire les deux épreuves, l'une sur le côté droit, l'autre sur le côté gauche de l'angle, après avoir fixé la chambre noire dans chacune de ces positions, à l'aide de l'écrou placé sous la planchette.

Quelques opérateurs se servent de deux chambres noires de même foyer, fixées aux deux extrémités de la base et avec lesquelles on fait en même temps les deux épreuves; bien que cette manière d'agir abrége l'opération de moitié et permette d'obtenir les épreuves dans les mêmes conditions d'éclairage, il est cependant si difficile de préparer deux surfaces impressionnables parfaitement identiques, sans compter le surcroît de dépense occasionné par l'achat de deux appareils, que l'on a souvent renoncé à ce mode opératoire pour n'employer qu'une seule chambre munie d'un châssis à coulisse dont nous allons donner la description.(Voir fig. 65.)

Ce châssis, fixé à une planchette que l'on peut adapter aux châssis ordinaires, est disposée de manière à donner aux deux épreuves l'écartement qui doit exister entre elles, et, comme elles sont obtenues sur une seule et même surface impressionnable, l'action lumineuse a lieu dans les mêmes conditions pour les deux images, et il en résulte que l'illusion stéréoscopique est plus parfaite.

Le mécanisme de ce châssis est fort simple. La partie qui reçoit la plaque préparée est percée de trois ouvertures : dans la première est enchâssée une glace dépolie qui sert à mettre au point ; les deux autres correspondent à la plaque. Le plus fréquemment, ces deux

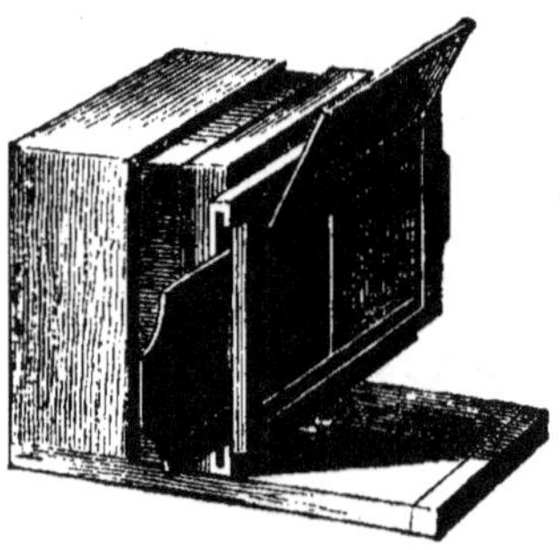

Fig. 65.

dernières sont confondues en une seule, dont les deux moitiés, protégées par une planchette à coulisse, se présentent successivement derrière l'objectif. Un ressort à cliquet détermine la position de la glace dépolie et des deux moitiés plaque préparée.

Pour faire usage de ce châssis, la chambre noire étant fixée à la première station, il faut mettre au point sur la glace dépolie, puis faire glisser le porte-plaque jusqu'à ce que la première ouverture se présente derrière l'objectif, tirer la planchette obturatrice et attendre le temps nécessaire à la production de l'épreuve ; on ferme alors la planchette, et, plaçant la chambre noire à la seconde station, on fait avancer la seconde ouverture, que l'on démasque aussitôt pour faire la seconde épreuve ; enfin, après avoir fermé complètement la planchette, on enlève le châssis et l'on procède au développement des images.

Le système le plus employé aujourd'hui est la chambre noire binoculaire ou à deux objectifs. La figure 66 la représente.

Il nous reste peu de chose à dire maintenant de la

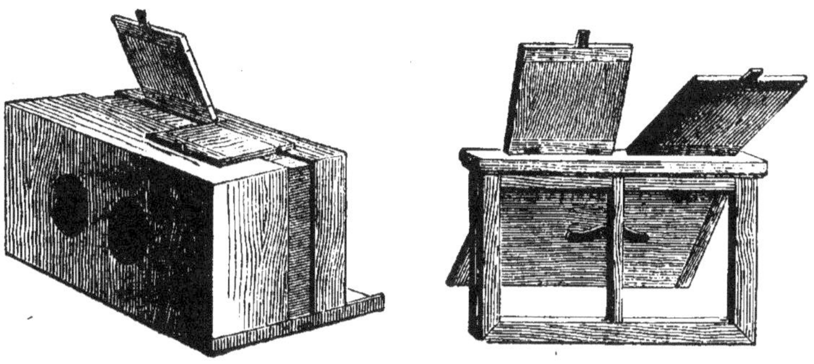

Fig 66

reproduction stéréoscopique des paysages et des monuments. En effet, la seule différence importante que nous ayons à signaler est relative au déplacement de la chambre noire, qui ne peut plus se faire comme dans le cas précédent. Ici, la chambre doit être fixée solidement sur le pied, c'est ce dernier que l'on déplace. Il faut donc qu'il soit disposé de telle façon que ses branches puissent être, autant que possible, maintenues dans la même position pour les deux stations. Nous avons dit : — autant que possible,—et cette restriction est prudente, car les inégalités du sol ne permettent pas toujours de placer la planchette du pied bien horizontale en conservant la même disposition de ses branches.

Il est encore un point que nous devons signaler à l'attention de nos lecteurs. Dans un atelier, il est très-facile, comme nous l'avons vu, de vérifier l'égalité de la distance des deux stations à l'objet au moyen des longueurs du cordeau ; mais, en campagne, il n'en est plus de même : et puis on n'est plus sûr d'avance que les deux images coïncideront parfaitement et pourront bien se superposer. Il est un moyen fort simple de procéder à cette vérification. Tracez au milieu de la glace dépolie une ligne verticale coupée perpendiculairement de traits horizontaux, et à la première station, faites coïncider avec elle une ligne verticale de l'image; il est évident que si, à la seconde station, la coïncidence entre les mêmes objets existe toujours, et que les extrémités d'un objet quelconque se trouvent correspondre aux mêmes traits horizontaux que dans la première expérience, vous aurez la certitude que le pied est convenablement placé, quant à l'horizontalité de l'élévation. On vérifie l'égalité de distance des deux stations avec la même facilité, soit au moyen des traits horizontaux de la glace dépolie, soit en mesurant au compas un seul et même objet, tant en hauteur qu'en largeur.

Au lieu de se borner à tracer sur la glace dépolie une ligne verticale coupée de traits horizontaux, il serait peut-être préférable de la couvrir de carreaux de 1 centimètre de côté ; on éviterait ainsi l'emploi du compas, et, en fait de bagage photographique, les suppressions, quelque minimes qu'elles soient, ne sont jamais à dédaigner.

Pour la détermination du rapport des distances aux bases, il est évident que, dans la plupart des cas, chercher à l'opérer métriquement serait folie ; l'habitude et plusieurs expériences pourront seules être consultées ; mais que nos lecteurs se rassurent, ils ne tarderont pas à reconnaître combien plus souvent on exagère l'effet stéréoscopique qu'on ne tombe dans l'excès contraire, ainsi qu'ils ont pu le prévoir en lisant ce que nous avons dit précédemment.

L'appareil que l'on emploie le plus généralement aujourd'hui est le stéréoscope réfracteur du docteur Brewster, figure 67 ; mais il ne faut pas oublier que le

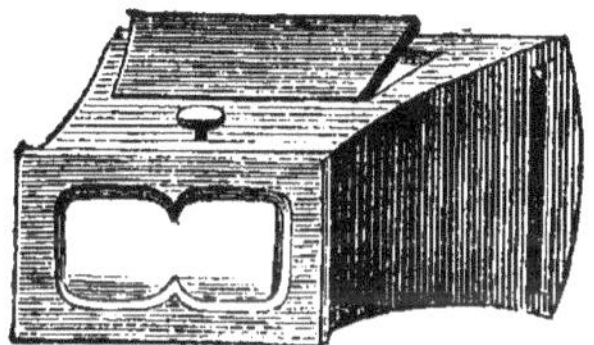

Fig. 67.

premier instrument destiné à faire voir des dessins en relief fut inventé par M. Wheatstone, *dont le nom se rattache à tant d'importantes découvertes.* Nous avons construit dès l'origine un grand stéréoscope d'après un modèle qu'un ami de M. Wheatstone (M. Pim) a bien voulu nous confier, et nous devons constater la merveilleuse illusion produite par de grandes épreuves placées dans ce bel instrument.

Nous terminons ici la description assez longue déjà des procédés qui font le sujet de ce chapitre. Il nous eût été facile d'en doubler l'étendue en y donnant place à tous les moyens ou appareils imaginés par plusieurs photographes ; mais nous avons préféré décrire simplement les procédés que nous employons d'habitude et dont l'efficacité a été démontrée par notre expérience ; d'ailleurs, il eût été pour le moins singulier qu'un chapitre où nous recommandons si souvent de se tenir en garde contre l'exagération ne fût pas, du moins sous le rapport de la longueur, à l'abri du même reproche.

TABLEAU

DES BASES D'UN ANGLE DE 15°, DEPUIS 1ᵐ JUSQU'A 3ᵐ

LA DISTANCE DE LA VISION DISTINCTE ÉTANT DE 0,25

(L'écartement des yeux est d'environ 0m. ,065.)

DISTANCES de L'OBJECTIF A L'OBJET.	LONGUEURS DES BASES ou ÉCARTEMENT DES OBJECTIFS.
1ᵐ, 00	0ᵐ, 260
1, 10	0, 286
1, 20	0, 312
1, 30	0, 338
1, 40	0, 364
1, 50	0, 390
1, 60	0, 416
1, 70	0, 442
1, 80	0, 468
1, 90	0, 494
2, 00	0, 520
2, 10	0, 546
2, 20	0, 572
2, 30	0, 598
2, 40	0, 624
2, 50	0, 650
2, 60	0, 676
2, 70	0, 702
2, 80	0, 728
2, 90	0, 754
3, 00	0, 780

Pour de plus grandes distances, on n'aura qu'à augmenter la base de 0ᵐ,026 par décimètre.

DES AGRANDISSEMENTS

Avant d'indiquer les procédés employés pour l'obtention des agrandissements, nous donnerons ici quelques remarques dues à Charles Chevalier (1).

§ I

Microscope simple. — Microscope solaire

Nous avions prévu dès l'année 1839, et sans connaître les travaux de Wedgwood et de Charles, le parti que l'on pourrait tirer de cet instrument appliqué aux expériences photographiques. En 1844, dans nos *Mélanges photographiques,* nous décrivions les procédés à suivre pour obtenir des épreuves, et les conseils renfermés dans cette brochure étaient assez précis pour que nous n'ayons aujourd'hui qu'à les copier exactement, afin d'éviter à nos lecteurs la peine de remonter à un opuscule publié et oublié sans doute depuis neuf ans. Cet ouvrage est d'ailleurs épuisé :

« Jusqu'à présent, on n'a employé le daguerréotype que pour obtenir une image réduite des objets, et voilà

(1) En 1846, Charles Chevalier, confident des premiers essais de M. Niepce de Saint-Victor relativement à la photographie sur verre, fit avec lui un certain nombre d'essais sur l'amplification des épreuves au moyen de son mégascope réfracteur.

précisément la cause principale du peu d'extension donnée à la photographie. Le daguerréotype n'était, en quelque sorte, qu'une récréation offerte aux amateurs ; il est temps de lui assigner un rôle plus utile.

« Avec une bonne chambre obscure, on peut non-seulement produire une image réduite d'un objet, *mais encore la produire de grandeur naturelle et même amplifiée.*

« Si l'on se rappelle ce que j'ai dit des *foyers conjugués,* on comprendra aussitôt que rien n'est plus simple que de modifier à volonté la grandeur de l'image. En rapprochant la chambre obscure de l'objet, on agrandira l'image, et réciproquement ; l'image sera de grandeur naturelle lorsqu'elle se peindra sur la glace dépolie à une distance de l'objectif égale à celle qui séparera celui-ci de l'objet ; mais, pour obtenir ces effets, il est nécessaire de modifier le tiroir de l'appareil en lui donnant une longueur suffisante pour qu'on puisse mettre au point lorsqu'on veut obtenir une épreuve de grandeur naturelle. *Si l'on avait besoin d'amplifier l'objet, on se servirait du miscroscope simple ou du microscope solaire.* Dans mon *Traité des microscopes,* publié en 1839, avant que M. Daguerre eût fait connaître ses procédés, j'indiquais déjà le parti que l'on pourrait tirer du microscope solaire et du mégascope, en les substituant à la chambre obscure dans les expériences daguerriennes. »

On remarquera, nous l'espérons, que dans ces paragraphes, outre l'emploi du microscope et du mégascope, il est aussi question des moyens d'amplifier l'image produite par la chambre noire, et de l'obtenir de *grandeur naturelle.*

Mais copions toujours :

« Tout le monde connaît la loupe ou microscope simple, je n'aurai donc qu'à expliquer la manière de l'appliquer à la photographie.

« Quand on place l'œil derrière une loupe, cet organe intercepte des faisceaux de rayons rendus presque parallèles par la réfraction ; mais si l'on permet à ces rayons de continuer leur route, ils s'entre-croiseront en un certain point ou foyer, où ils formeront une image renversée de l'objet. On pourra s'en assurer en recevant cette image sur un écran ou sur un verre dépoli. Le microscope solaire est un microscope simple fortement éclairé par les rayons solaires concentrés sur l'objet au moyen d'une loupe puissante. Quant au mégascope, sa théorie est semblable à celle de la chambre obscure ou du microscope solaire.

« Pour faire des épreuves avec le microscope simple, on place la lentille au sommet d'un cône ou d'une pyramide de bois ou de carton dont la grande ouverture est convenablement disposée pour recevoir la glace dépolie et le châssis à volet. Si l'on veut opérer avec un microscope composé, il faut dévisser l'objectif et l'employer comme la lentille du microscope simple. Il est à peine nécessaire de décrire le procédé à suivre pour faire des épreuves avec le microscope solaire ; néanmoins, j'indiquerai une disposition fort simple et qui n'exige aucune dépense.

« On dispose le microscope solaire comme d'habitude, et l'on fait pénétrer l'objectif dans l'orifice antérieur d'une chambre obscure placée sur un pied ou maintenue par tout autre moyen dans une position fixe. On met au point, et l'image se dessine sur le verre dépoli.

« D'après ce que j'ai dit de la manière de se servir du microscope simple ou composé, on conçoit qu'on obtiendrait des résultats semblables en mettant les lentilles montées sur un tube convenablement disposé, à la place de l'objectif de la chambre noire et en fixant les objets sur un support mobile au devant de l'appareil. Il est bien entendu que l'on dirigera l'objectif vers le soleil ou vers le point le plus éclairé du ciel, à moins qu'on ne fasse usage d'un miroir parallèle *ou d'un prisme*. Au reste, il est facile de modifier ces dispositions, et je ne pense pas qu'on soit jamais embarrassé pour faire des expériences de ce genre.

« On ne se contentera donc plus d'employer l'admirable découverte de MM. Niepce et Daguerre à reproduire des vues, des monuments, à faire des portraits de petites dimensions; l'histoire naturelle s'en servira comme d'un puissant auxiliaire (1) ; les beaux-arts l'appelleront à leur aide ; les graveurs n'auront plus besoin d'avoir recours au calque pour copier des gravures, car, en augmentant les proportions de l'appareil, ils ne seront pas arrêtés par les dimensions des modèles, et forceront en quelque sorte l'original à se décalquer de lui-même ; le peintre, qui regrette parfois de se séparer de l'œuvre à laquelle il a donné tant de soins, de

(1) Les premières épreuves d'objets microscopiques obtenues avec le microscope solaire ont été présentées à l'Académie par Vincent Chevalier, le 9 mars et le 6 avril de l'année 1840 ; elles représentaient *l'acarus* de la gale, des écailles de poisson, des tranches de bois, etc.   A. C,

temps, je dirai même tant d'amour, et tout cela pour la voir passer en des mains étrangères, le peintre pourra conserver des copies fidèles de ses travaux, et se former une galerie de souvenirs en moins de temps qu'il ne lui en a fallu pour concevoir et mûrir l'idée première d'un seul de ses tableaux. Tout le monde pourra réunir une belle collection de tableaux rares, de gravures curieuses, d'objets d'art, de précieux autographes, etc., etc. Plusieurs amateurs, parmi lesquels je citerai particulièrement MM. Middleton et Mailand, ont déjà reproduit sous leurs véritables dimensions des gravures, des tableaux précieux, et l'on se rappelle peut-être que j'ai annoncé, dans ma dernière brochure sur le daguerréotype, la possibilité de faire des portraits de grandeur naturelle (1). Je n'en finirais pas si je voulais énumérer tous les services que la photographie est appelée à rendre aux sciences et aux arts. »

Cette idée de l'application des instruments à la photographie nous poursuivait toujours; aussi revenions-nous encore sur ce point important dans nos nouveaux renseignements sur l'usage du daguerréotype publiés en 1846 :

« On ne s'est pas assez préoccupé, disions-nous, de l'application des procédés daguerriens aux différents instruments optiques ; à l'exception de quelques épreu-

(1) « Nous venons de terminer, pour nos expériences particulières, un grand photographe à double verre achromatique, avec lequel nous nous proposons de faire des portraits de grandeur naturelle. Nos premiers essais nous présagent une réussite parfaite; les amateurs ont déjà pu voir dans notre magasin une épreuve représentant une statue heureusement reproduite avec notre grand appareil (1841). »

ves obtenues au moyen du microscope solaire, on n'a fait aucune nouvelle tentative. Mais le mégascope, mais la lanterne magique solaire *achromatique* (1), mais le *polariscope*, pourquoi les oublier? On pourrait, à l'aide d'un appareil particulier, obtenir facilement l'image agrandie du soleil dans la chambre obscure. Des verres colorés, appropriés à cette expérience, atténueraient l'intensité de la lumière solaire. Je regrette bien vivement de ne pouvoir me livrer moi-même à ces intéressantes recherches; mais comment les entreprendre et remplir en même temps les nombreuses obligations que m'impose ma profession? C'est aux amateurs qui consacrent leurs loisirs aux expériences photographiques à explorer cette voie nouvelle; que les plus habiles se mettent donc à l'œuvre, et bientôt la photographie franchira les limites qui la resserrent trop étroitement. »

Si nous ajoutons maintenant quelques renseignements à ceux qu'on vient de lire, le procédé opératoire sera parfaitement compris des personnes mêmes qui n'auraient que les premières notions de photographie pratique.

La disposition de l'appareil doit varier suivant que l'on veut obtenir l'épreuve sur papier positif ou sur papier négatif, c'est-à-dire suivant que l'image doit se dessiner spontanément ou n'apparaître qu'après que la

(1) « Instrument de mon invention, et que l'on nommerait plus exactement *mégascope réfracteur achromatique*. La lanterne magique ordinaire ne donnerait pas des images assez nettes pour les applications photographiques. Cet instrument a été présenté à l'Académie le 25 juin 1838. »

feuille préparée aura été soumise à des réactions particulières.

Dans le premier cas, on fait usage du papier positif
ordinaire, à la surface duquel est étendue une couche
bien uniforme de chlorure d'argent. Alors la boîte qui
porte le châssis doit présenter une ouverture latérale
que l'on ferme à volonté, et par laquelle on suit les
progrès de l'épreuve. Cette ouverture sera garnie d'un
verre jaune, afin que l'introduction momentanée de la
lumière dans la boîte ne puisse exercer aucune action
sur le chlorure.

Il vaut mieux opérer dans une pièce rendue complétement obscure, et fixer le porte-papier dans un support
vertical, glissant sur une table bien horizontale, placée
en face du microscope. La lumière projetée sur l'*écran
sensible* permettra à l'opérateur de suivre la marche do
l'épreuve et de n'arrêter l'action lumineuse qu'au moment où l'image aura acquis la vigueur nécessaire pour
qu'elle puisse subir l'action des bains fixateurs.

Lorsqu'on opère sur papier négatif, en d'autres termes
sur une feuille imprégnée d'iodure d'argent, comme
l'image ne paraît que sous l'influence des bains réduc-
teurs, il n'est pas nécessaire que la feuille de papier soit
visible, et une grande boîte à tirage, pouvant recevoir
le châssis, et fixée à l'objectif du microscope, est l'appareil le plus commode et le moins difficile à construire.

Le second procédé est préférable dans le plus grand
nombre de cas. *Est-il besoin de dire que, si l'on a converti
l'image négative sur verre en une image positive également
sur verre, on obtiendra un cliché négatif amplifié, avec*

lequel on pourra tirer un nombre illimité d'épreuves?

Nous n'avons pas parlé des préparations appliquées sur verre, parce que les dimensions des épreuves rendraient l'emploi des lames de glace beaucoup trop incommode et surtout trop dispendieux ; mais nos lecteurs comprendront sans peine que, du moment où ces considérations ne leur paraîtront pas devoir les arrêter, les procédés préparatoires ne différeront que par la manière de disposer la plaque en face de l'objectif.

Le papier positif donnerait les mêmes résultats, mais il exige que l'exposition soit plus prolongée et que l'intensité lumineuse soit plus considérable.

Nous verrons plus loin que le papier positif doit être préféré dans une autre circonstance, bien que la durée de l'exposition soit plus longue.

§ II

Mégascope solaire de Charles pour les objets opaques

Cet instrument, dont on trouvera aussi la description dans le *Manuel du physicien préparateur* (1), est composé d'une lentille achromatique objective et de deux réflecteurs. Il sert à obtenir, sur un écran, l'image amplifiée d'objets opaques maintenus sur un support plan, vertical, mobile et éclairés par deux miroirs plans. Ces miroirs, que l'on fait mouvoir au moyen d'un mécanisme fort simple, réfléchissent une vive lumière sur l'objet,

(1) Par le docteur Fau et Charles Chevalier.

que l'on éloigne ou que l'on rapproche de la lentille jusqu'à ce que l'image projetée sur l'écran placé dans la chambre obscure soit bien lumineuse et parfaitement nette.

Ce que nous avons dit du microscope solaire nous dispense d'entrer dans plus de détails sur la manière de disposer le *porte-châssis*.

Avec le mégascope, on obtient les images amplifiées des *objets opaques*, tels que statuettes, bustes, médailles, pièces d'anatomie, échantillons de minéralogie, de botanique, etc., etc. Pour qu'il produise tout son effet, il faut que l'appareil optique soit construit avec le plus grand soin, toujours suivant notre principe, et que l'opérateur puisse disposer de la lumière solaire. Cet instrument est celui dû à Charles, et dont nous avons déjà parlé. Il est représenté figure 68.

§ III

Mégascope réfracteur achromatique, pouvant servir de polariscope

Inventé en 1838 par Charles Chevalier

Nous appelons particulièrement l'attention des photographes sur cet appareil, qui leur fournira les moyens de produire de magnifiques épreuves amplifiées de portraits exécutés avec *les plus petites chambres noires*. Les plus petites, disons-nous; et en effet, pourvu que l'on fasse un portrait négatif bien net sur verre, *serait-il microscopique*, on pourra le convertir en un portrait

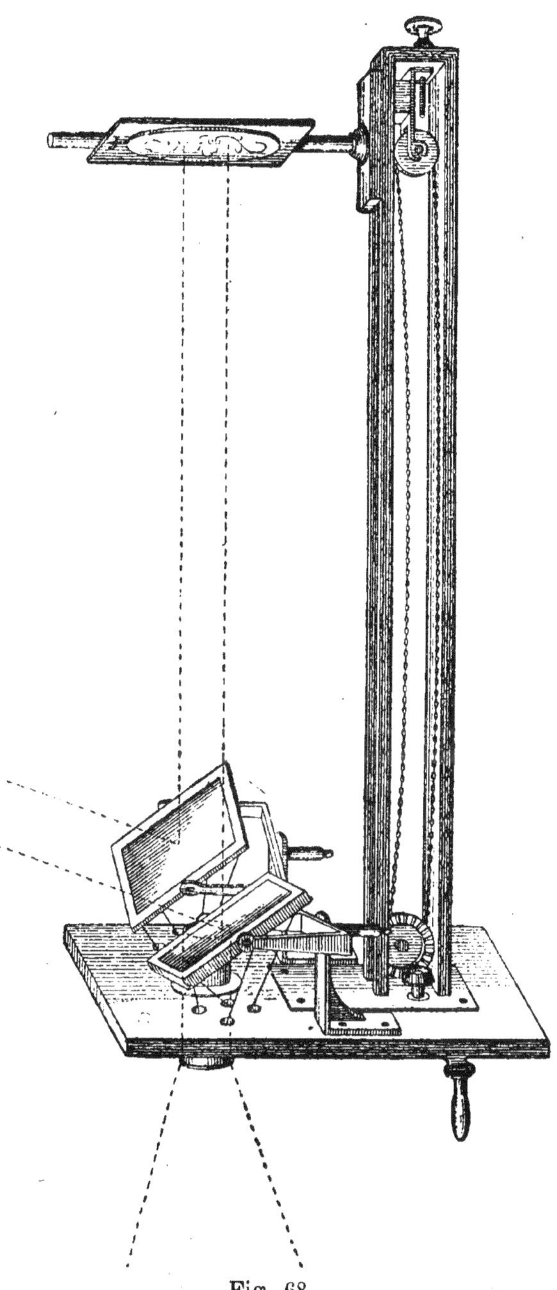

Fig. 68.

positif de grandeur naturelle. Il est facile de dépasser
encore cette amplification, et cela n'est pas sans importance, non pas pour les portraits, mais pour les gravures, les cartes géographiques, les plans ou dessins
représentant des machines et les détails de certains
mécanismes. Ainsi donc, l'amateur muni de notre mégascope réfracteur achromatique pourra faire ses premières épreuves avec un petit photographe de poche,
et les amplifier ensuite à volonté, pourvu qu'il ait à sa
disposition un local assez vaste et des lentilles assez
parfaites et assez puissantes.

L'appareil que nous avions d'abord construit pour la
démonstration en grand des phénomènes de la polari-
sation est disposé de telle façon, qu'il suffit de supprimer une pièce placée à sa partie antérieure et de sub-
stituer une glace étamée au polariseur de verre noir
pour le transformer en mégascope réfracteur.

Donnons d'abord une idée de ce dernier instrument,
nous passerons ensuite aux applications.

Les rayons solaires réfléchis par la glace étamée sont
dirigés sur l'objet à reproduire, puis réfractés par une
lentille achromatique ; ils subissent enfin une seconde
réfraction à travers une autre lentille achromatique
plus puissante, et vont former, sur un écran placé en
face de l'appareil, une image renversée et plus ou moins
amplifiée de l'objet que l'on veut reproduire. Un mécanisme fort simple, semblable à celui du microscope
solaire et disposé à l'intérieur du volet de la chambre
obscure, permet de ramener constamment les rayons
dans l'axe de l'appareil. S'il était urgent de prolonger

l'expérience pendant un assez long temps, *il faudrait faire usage de l'héliostat;* mais ce dernier n'est pas indispensable pour les applications ordinaires.

Supposons que l'on ait une épreuve négative sur verre de 3 ou 4 centimètres, ou, en d'autres termes, un portrait sur neuvième de plaque; on le placera dans le porte-objet, en ayant soin de le renverser, et lorsque le réflecteur sera convenablement orienté et la lentille antérieure mise au point, on verra sur l'écran tendu dans le fond de la pièce obscure une image d'autant plus grande que l'écran sera plus éloigné de l'appareil et que la combinaison optique aura plus de puissance.

Mon mégascope réfracteur pourrait produire des épreuves de toutes dimensions, si l'on donnait de plus grandes dimensions au verre collecteur.

C'est, en vérité, un merveilleux spectacle que celui de ces amplifications, si remarquables par la netteté, la vive lumière, et surtout par l'absence de toute aberration sphérique.

Lorsque le progrès des manipulations photographiques permettra aux opérateurs de préparer au pinceau de grandes feuilles de papier impressionnable, positif ou négatif, et nous ne doutons nullement qu'on y parvienne, il sera facile d'exécuter des portraits de grandeur naturelle ou de vastes paysages dont les clichés auront été rapportés d'une excursion dans une petite cassette de quelques centimètres cubes.

L'emploi de ce mégascope, pour l'amplification des paysages, vues de monuments, etc., doit être d'une haute importance pour les peintres-décorateurs, qui pourront souvent juger bien mieux l'effet que produira une toile de fond, en projetant sur une grande feuille l'amplification d'un croquis ou d'une petite épreuve prise d'après nature. Pour eux, une netteté absolue n'étant pas indispensable, ils pourront exagérer même l'amplification, sans avoir recours à un appareil trop puissant. Ces grandes épreuves leur serviront encore à faire des essais de teintes et à donner à leurs élèves les indications de couleur dont ils ont besoin pour réaliser la conception du maître.

Nous avons la conviction que cet appareil est appelé à rendre de grands services, non-seulement aux arts, mais encore aux sciences et à l'industrie (1).

L'objection la plus grave que l'on puisse opposer à l'emploi de ces instruments, c'est qu'ils sont en quelque sorte les esclaves du soleil; mais nos expériences nous font espérer qu'avec le mégascope réfracteur on obtiendra de très-bonnes épreuves, sans réfléchir dans l'appareil la lumière solaire directe; et d'ailleurs *il est plus que probable qu'un jour la pile galvanique nous fournira une source de lumière constante et assez vive pour nous mettre à l'abri des caprices du soleil.*

Le mégascope réfracteur proposé par Charles Chevalier en 1838 fut d'abord construit, sous le rapport optique, tel que la lanterne magique. Il ne tarda pas à

(1) Les fabricants d'étoffes, de papiers peints, d'ornements, etc., auront recours à la photographie, déjà mise à contribution par plusieurs éditeurs d'œuvres littéraires ; son utilité est incontestable lorsqu'on veut publier des catalogues illustrés.

employer pour cet instrument des verres achromatiques, puis enfin il forma une nouvelle combinaison de verres, et employa trois verres : l'un fixe (le grand verre), puis deux autres dans une monture placée et rendue mobile pour obtenir la mise au point. Les verres étaient plano-convexes, ayant leurs convexités tournées vers l'écran.

Au commencement de cette année, en prenant ces travaux, je m'aperçus que les agrandissements obtenus avec ce mégascope étaient trop considérables pour la photographie. Après avoir fait six mois d'essais, je fus conduit à changer la disposition et la forme des verres, et je réussis enfin à produire un appareil encore plus parfait et exempt d'aberration sensible.

En se reportant à la figure 69, qui représente le mégascope, on verra la disposition des lentilles. Immédiate ment après le cliché se trouve un verre achromatique, ménisque, ayant sa convexité tournée du côté du cliché ; puis se trouve maintenue à une distance fixe une lentille achromatique biconvexe, d'un diamètre semblable à la première ; enfin une lentille plus petite, également biconvexe, est placée en avant de ce système ; cette dernière, qui dans l'instrument est rendue mobile, sert à mettre au point. Ayant deux lentilles de rechange, on obtient les agrandissements nécessaires à la photographie.

J'ai représenté, sous le dessin de la lentille antérieure, un système de lentilles accouplées, qui donne encore une netteté plus parfaite ; cependant l'effet est très-satisfaisant avec une seule lentille.

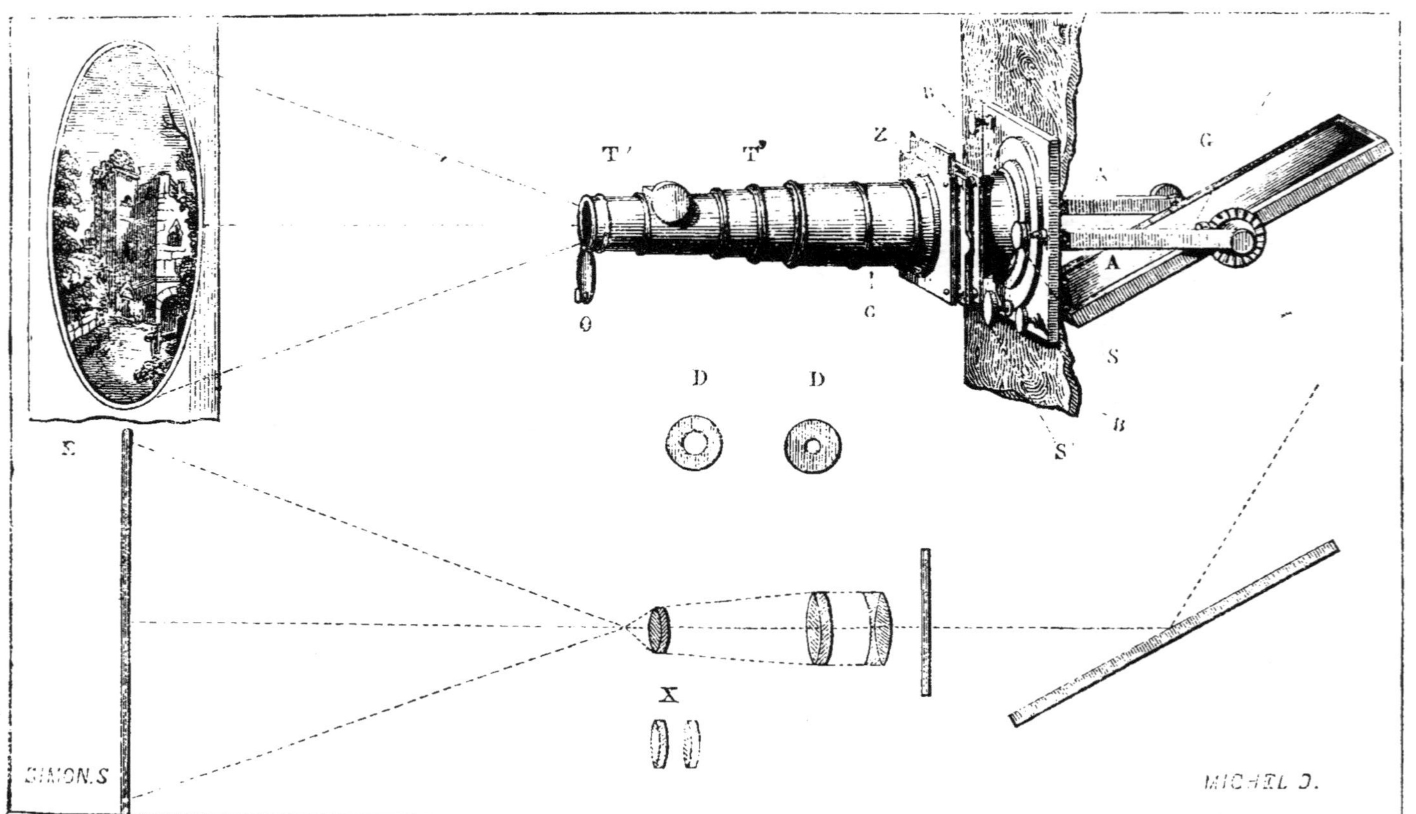

Fig. 69.

Il m'a semblé inutile de faire une longue dissertation optique à l'égard de la marche des rayons dans l'appareil que j'ai perfectionné, car, les trois lentilles agissant comme une seule, l'explication de ce système trouve sa solution dans la loi des foyers conjugués ; la lentille antérieure résumant les deux autres, il est clair que l'écran et le cliché se comporteront suivant la loi déjà citée.

La plupart des appareils employés ont une lentille convergente destinée à éclairer le cliché; cette méthode est sans nul doute mauvaise, car la lentille ardente irise les contours de l'image, et en réalité elle ne fournit beaucoup de lumière qu'à la condition de la concentrer sur une très-petite surface ; en d'autres termes, si le cliché se trouve placé au sommet du cône lumineux, à mesure que le cliché pénètre dans le cône des rayons, l'intensité diminue, et cela se comprend de soi-même.

Nous préférons de beaucoup nous servir de la lumière des rayons parallèles, car elle seule peut fournir de bons résultats. Nous ne nous servons donc que du miroir pour éclairer notre cliché.

La méthode de la lentille convergente est parfaitement tolérable pour la lanterne magique, car l'irisation ne nuit pas à l'illusion. Dans tous les traités de physique, cette disposition est indiquée. Du reste, on formerait une excellente lanterne magique *lucernale* avec notre combinaison.

D'après ce que l'on a pu lire au commencement de ce mémoire, on a vu que toute lentille pouvait former des agrandissements ; ce fait est connu, mais il importe de savoir la meilleure combinaison que l'on doit employer, et nous spécifierons qu'il n'est réellement possible d'obtenir de bons résultats qu'avec un instrument fait spécialement pour l'usage auquel il est destiné. Aussi nous ne pensons pas qu'il soit possible d'opérer dans de bonnes conditions avec des appareils qui permettent d'employer tel ou tel objectif sans discernement et sans raison bien déterminée.

Dans l'appareil perfectionné que nous proposons, nous avons cherché à détruire l'aberration de sphéricité, et nous y sommes parvenu autant que faire se peut; c'était d'abord le point important. Relativement à la lumière fournie par le miroir, elle est suffisante; mais si l'on voulait avoir encore plus de rapidité, il faudrait augmenter le diamètre des lentilles, ce qui doit être fait avec précaution, en raison du prix élevé de ces sortes de choses.

Il est constant que pour obtenir des épreuves agrandies, il faut d'abord produire une petite image parfaitement nette et non déformée. Pour les paysages, on y arrive aisément en se servant des objectifs à verres combinés de mon père, car ils donnent une finesse que l'objectif simple ne peut égaler. Le *Petit Photographe de poche*, dont Ch. Chevalier avait parlé en 1854, a été réalisé par M. A. Civiale, et en 1859 il employait une petite chambre noire fort commode pour les voyages : elle se place sur un trépied-canne, et tout l'instrument est d'un volume insignifiant. On opère sur de petites glaces de 7 centimètres et demi sur 8, soit sur collodion humide ou, mieux, sur collodion sec. Cette dimension de glaces, adoptée pour l'usage du mégascope, ne présente aucune difficulté.

D'après la propriété inhérente aux petits objectifs, de mettre au point tous les objets placés à une faible distance de soi (1), oh peut, avec la petite chambre noire de M. A. Civiale, mettre au point avant de faire une excursion, et ne plus avoir ensuite besoin de prendre cette précaution pour les vues que l'on désire obtenir. On adapte à cette chambre noire un objectif 1/6 à verres combinés.

Nous ferons une restriction nécessaire à ce que nous avons dit au commencement du précédent paragraphe, car, bien que la netteté serait égale sur l'épreuve obtenue avec un petit objectif, à foyer court, il est vrai aussi que cette épreuve grandie fournirait une épreuve très-nette, mais dans laquelle les plans éloignés n'auraient pas tout à fait la même netteté que ceux plus rapprochés. Du reste, il serait très-malheureux qu'il en fût autrement, car ce serait renverser les effets naturels, et ce serait vouloir être en contradiction avec tous nos artistes. Laissons donc la vigueur aux premiers plans, et obtenons ce qui existe dans la nature, c'est-à-dire cette dégradation de netteté indispensable à la vraie reproduction des effets naturels.

---

(1) M. de Haldat, savant physicien, résume ainsi cette propriété dans son *Hygiène oculaire* (1849) : « Dans les lentilles à court foyer, les images des objets voisins ou éloignés ne présentent, en général, que des différences peu ou pas appréciables, et d'autant moindres que le foyer est plus court. »

Pour les paysages, l'important est donc d'employer un objectif exempt d'aberration sphérique et d'un foyer en rapport avec la petite surface à couvrir. Il n'est pas nécessaire de s'attacher absolument à avoir un objectif de tel ou tel foyer; l'important, je le répète, est qu'il ne déforme pas.

Abordons la question des objectifs pour les portraits, et là nous aurons beaucoup de choses à dire. Avançons d'abord que la plupart des portraits accrochés sur les murs de notre capitale sont tout à fait déformés. La cause en est simple, et l'abus des courts foyers l'explique d'une façon parfaite. Si je voulais décrire les énormités qui résultent de l'abus précité, j'aurais un volume à écrire, et il est certes facile de vérifier le fait. Les artistes ne se trompent pas, mais bien des personnes se méprennent à ce sujet. Cependant, avec un peu d'attention, on découvre la chose. Regardez un instant la plupart des portraits, examinez la figure, voyez le nez, le menton, avancés et grossis d'une façon surprenante. Regardez aussi ces grosses têtes de profil ou de trois quarts, et vous trouverez à l'instant des fluxions dans toutes les figures ainsi reproduites. Cette définition est un peu outrée, dira-t-on; certes non : le fait existe. Aussi n'entend-on pas dire souvent : Ceci est bien le portrait de tel ou tel; mais avec cette restriction que ce n'est pas tout à fait cela? Or donc, ce que l'on ne s'explique pas tient tout simplement au mauvais objectif employé et à l'abus qui fait oublier qu'en s'écartant des lois de la perspective et de l'optique, on arrive à faire des charges au lieu de reproductions de la nature.

Maintenant, qu'arrivera-t-il si l'on agrandit une petite épreuve représentant un portrait déjà déformé dans sa petite dimension? On aura sans nul doute un dessin d'une inexactitude révoltante, car tous les défauts seront agrandis proportionnellement, et dans de telles dimensions que la vue en sera immédiatement choquée.

Ce que je signale est arrivé tout d'abord, car les épreuves amplifiées ont été faites à l'aide d'épreuves produites avec des objectifs à court foyer. Aussi a-t-on vu de ces physionomies qui ne ressemblent en rien à la nature : toutes les parties saillantes, le nez, le menton, les lèvres, dont les déformations étaient peu appréciables dans la petite épreuve, se montrent alors avec toute leur laideur. On dirait vraiment que les parties saillantes du visage ont été soufflées, et cela fait un effet des plus fâcheux, qui fera abandonner les grandes épreuves si l'on persiste dans cette voie contraire au bon sens.

Les appareils à amplifier les images seront fort utiles pour l'essai des objectifs, et on pourrait savoir ainsi si l'instrument destiné à produire le petit cliché est dans des conditions capables de représenter la nature. On objectera que les appareils à agrandissements déforment eux-mêmes ; à quoi nous répondrons que cette déformation est infiniment minime si l'appareil est bien construit, comparée à celle fournie par les objectifs photographiques.

La nécessité de supprimer les courts foyers viendra donc du succès des appareils amplifiants ; alors on entrera dans la voie du progrès, et l'on pourra produire des dessins artistiques de toutes dimensions.

En signalant un défaut, il faut autant que possible indiquer les moyens de le détruire. Ici, rien n'est plus facile : employons des objectifs à foyers moyens, à foyers longs, et la chose ira parfaitement. Peut-on faire des objectifs rapides et ne déformant pas? Nous répondrons oui, pour ce qui est de l'absence de déformation sensible ; nous répondrons non, pour la question de rapidité ; mais en ajoutant que le mot rapidité est bien vague, et que, s'il est nécessaire d'employer trente à quarante secondes pour obtenir une image de dimension ordinaire, pour l'avoir non déformée, cela vaut mieux que de la produire en dix ou quinze avec des déformations. On objectera encore : Mais pour les portraits d'enfants? Mais l'hiver, par les jours très-sombres? Dans ces deux cas seulement, on pourra employer les courts foyers, mais avec la conviction bien arrêtée d'avance de ne produire que des portraits *non ressemblants.*

Tout est facile à vérifier en ceci. Faites le portrait d'une personne sur plaque entière avec un objectif de 23 centim. de foyer, en donnant à la tête 2 centim. et demi. Faites la même épreuve avec un objectif de 35 cent. Comparez la ressemblance des deux figures, et vous aurez la preuve certaine du fait. Donc, pour avoir une tête de 2 cent. et demi non déformée et capable d'être agrandie, il faudra la produire avec un objectif de 30 cent. au moins. Si l'on néglige ces précautions, il ne faudra plus chercher la vérité !

Décrivons maintenant le mégascope, puis nous passerons à la question du procédé photographique.

Pour opérer avec cet instrument, il faut nécessairement se placer dans une chambre rendue complétement obscure. On choisira une fenêtre placée au midi pour installer le mégascope; la chambre des agrandissements n'a pas besoin d'avoir plus de 3 à 4 mètres de profondeur. Si la fenêtre faisant face au midi est vitrée par quatre carreaux, après avoir intercepté la lumière venant de ceux du haut, on fera disposer deux volets en bois épais pour clore ceux du bas; ces volets seront mobiles sur des charnières, de façon à pouvoir laisser entrer la lumière à volonté. En enlevant ces volets, on les remplacera par des châssis vitrés, lorsqu'on aura terminé les expériences.

L'ouverture que pourra laisser un des volets mobiles servira à examiner la glace de l'appareil lorsque le mégascope sera placé, afin de se rendre maître des mécomptes que donne le soleil; elle servira aussi à examiner la position de ce dernier. L'autre volet sera percé d'une ouverture circulaire capable de laisser passer la glace de l'instrument.

Le mégascope se compose de deux parties distinctes : 1° le miroir ou réflecteur; 2° l'apppareil optique. (Voir la fig. 69.)

Le miroir ou réflecteur G est tenu par les pièces AA à un large plateau en cuivre qui se fixe au volet à l'aide de deux boutons BB'. (Il va sans dire que le volet a déjà reçu deux écrous capables de les placer.) Un engrenage circulaire et un pignon de rencontre communiquant aux deux boutons SS' permettent à ces derniers de donner au miroir toutes les inclinaisons, et par conséquent d'amener l'image réfléchie du soleil dans l'axe de l'appareil. Cette disposition est celle imaginée par mon père, en 1825, pour son microscope solaire perfectionné.

Le tout étant ainsi fixé, on visse sur la platine le mégascope proprement dit, ou tube contenant les lentilles. Le cliché est alors placé entre deux plaques Z, qui peuvent s'écarter en pressant sur l'une d'elles. Les plaques étant réunies par des ressorts héliçoïdes, il s'ensuit que le cliché se trouve maintenu de telle sorte qu'il ne peut se déplacer.

La face impressionnée du cliché sera placée du côté des lentilles ; on pourra le mettre dans un cadre en bois mince, ou simplement coller sur les bandes de l'épreuve des lames de carton mince et d'égale épaisseur.

Immédiatement après le cliché se trouve, dans le premier tube C, les deux lentilles dont j'ai déjà parlé, puis les tubes T pouvant se mouvoir à frottement comme les tubes d'une longue-vue, puis enfin le dernier tube T', qui se meut à l'aide d'un engrenage. Ce dernier contient à son extrémité la petite lentille et l'obturateur O.

Afin de s'assurer de la position du cliché, on fait arriver de la lumière diffuse dans l'appareil au moyen du miroir ; puis, en plaçant l'œil au bout du tube T' on examine si le cliché est droit ; dans le cas contraire, on le place convenablement. Tout étant ainsi disposé, on amène la lumière solaire dans l'appareil. On remarque sur le verre antérieur une petite image laiteuse du cliché, fournie par les autres verres. Cette tache sert à connaître si la lumière solaire est bien dans l'axe de l'instrument; en faisant jouer les deux boutons SS' on la ramène, s'il y a lieu. Si la pose est longue, on doit avoir soin de prendre cette précaution.

Les tubes T servent pour la mise au point et éloignent ou rapprochent la petite lentille des deux grandes; on termine à l'aide de l'engrenage, qui fait mouvoir le tube T'. Comme souvent on se trouve assez éloigné de l'écran E, il est mieux d'être deux pour mettre au point: l'un fait mouvoir les tubes, l'autre examine et fait arrêter lorsque l'image a atteint son maximum de netteté.

On peut, dans certains cas, employer les diaphragmes DD pour donner plus de netteté à l'image ; cependant nous opérons souvent sans diaphragme. Il est important de signaler que les épreuves ne s'obtiennent dans de bonnes conditions que sous l'influence de la lumière solaire vive. Cependant, le soleil rougeâtre de l'hiver permet encore d'obtenir des effets assez satisfaisants. La lumière diffuse ne donne que des épreuves mal définies ou nulles.

La disposition de l'écran est fort importante à connaître. Pour recevoir l'image amplifiée, on se sert d'un coffre analogue à celui de la chambre noire et ouvert des deux côtés. Le côté qui fait face à l'appareil reste nécessairement ouvert; de l'autre, on place un cadre contenant un bristol bien tendu qui sert pour la mise au point, qui, au moment de l'opération, est remplacé par la feuille sensible étendue sur une glace polie ou mieux dépolie fixée dans un cadre. Le coffre se place sur un pied analogue à ceux dits *d'atelier*, pouvant se hausser ou se baisser à volonté.

On pourrait encore, à cet effet, faire construire un écran mobile roulant sur des rails au moyen de roulettes placées aux quatre angles. Un système fort simple permet d'accrocher sur l'écran le châssis à bristol pour la mise au point et le châssis qui porte le papier sensible. J'ai vu un écran de cette sorte, fort bien disposé, dans le laboratoire de M. A. Civiale.

J'ajouterai que le maniement de notre mégascope est on ne peut plus facile, l'instrument est fort peu embarrassant et nous pensons qu'il peut être appelé à rendre de grands services; on peut l'employer avec succès pour des amplifications de cinq à quinze fois et plus (vingt-cinq à deux cent vingt-cinq fois en surface).

Maintenant que nous connaissons l'instrument qui permet d'agrandir les images photographiques, passons à la production des épreuves.

Après avoir fait un grand nombre d'expériences, je suis arrivé à adopter un procédé que je décrirai plus loin, après avoir examiné les différents moyens que l'on peut employer.

Parlons d'abord des qualités de l'épreuve négative ou cliché.

Pour les épreuves agrandies, il est indispensable d'avoir des clichés spéciaux, c'est-à-dire ayant une vigueur et une transparence particulières.

Ils devront surtout être aussi transparents que possible pour que les noirs de l'épreuve agrandie soient puissants. Les noirs du cliché doivent être vigoureux et laisser cependant passer assez facilement la lumière ; en un mot, il ne faut pas que ces noirs soient assez intenses pour donner dans le châssis positif une épreuve dont les blancs soient purs.

Tout cliché transparent fin dans les détails et donnant une épreuve grise dans le châssis sera dans de bonnes conditions pour fournir une belle épreuve agrandie.

Relativement à la production des clichés, je dirai qu'ils peuvent être obtenus à l'aide du sulfate de fer ou de l'acide pyrogallique.

On devra, autant que possible, se mettre dans des conditions telles qu'il ne soit pas utile de les renforcer.

Du reste, il est connu que les épreuves obtenues à l'aide de clichés non renforcés sont plus pures dans tous leurs détails. Les clichés ne devront pas être recouverts de vernis; cette remarque est fort importante.

J'ai alternativement employé, pour produire mes épreuves agrandies, des clichés soit sur collodion, soit sur albumine. Cette dernière substance, pour les paysages et les monuments, donne sans contredit des résultats bien préférables au collodion sous le rapport de l'extrême finesse. Je me suis servi, pour l'albumine, du procédé de M. F. Bacot, décrit précédemment.

Il va sans dire que les clichés sur collodion sec, obtenus par la méthode Taupenot ou Roman, pourront également fournir d'excellentes images agrandies.

Une chose importante à signaler pour les clichés est l'emploi de glaces. On devra les choisir avec un soin particulier et rejeter celles qui présenteraient les moindres bulles et stries.

Le verre doit être banni lorsqu'on s'occupe de ces sortes d'expériences.

On peut obtenir les épreuves agrandies à l'aide des deux moyens suivants :

Le premier consiste à agrandir une image positive transparente qui fournira nécessairement une négative amplifiée ;

Le deuxième réside dans l'agrandissement d'une image négative pour produire une épreuve positive agrandie.

Examinons d'abord le premier moyen. Les épreuves transparentes positives s'obtiennent d'après des clichés ; il suffit pour cela de reproduire ces derniers soit sur collodion sec ou humide à l'aide de la chambre noire, ou par décalque dans le châssis positif en se servant du procédé sec sur albumine ou collodion.

L'épreuve agrandie au moyen du mégascope peut être reçue sur glace collodionnée humide, sur collodion sec, sur albumine ou sur papier ciré sec ou humide.

On sait les difficultés qui surgissent lorsqu'il s'agit de préparer de grandes glaces : aussi ce procédé est-il ennuyeux à employer. Cependant, disons-le, il présente de l'avenir et ne devra pas être négligé.

J'observe ici qu'en opérant sur collodion humide la pose sera instantanée ; on fera bien, pour modérer cette action, de n'employer que des collodions lents, ou encore de placer devant les lentilles du mégascope des plaques parallèles en glace, soit de couleur jaune, verte ou rouge, afin de ralentir l'action trop énergique de la lumière.

Au reste, on peut remplacer le collodion dont les manipulations sur grandes glaces sont difficiles par le papier ciré sec, et dans ce cas, nous recommandons l'excellente formule donnée par M. A. Civiale, dans le cours de cet ouvrage.

Passons maintenant au deuxième moyen, qui présente, à mon avis, plus de facilités, mais qui cependant a moins d'avenir que le premier, puisqu'il ne fournit que des épreuves uniques.

L'image négative agrandie peut être reçue sur papier préparé au chlorure ou à l'iodure d'argent.

Le papier au chlorure d'argent s'emploie généralement humide; en parlant du papier à l'iodure d'argent, j'expliquerai les précautions à prendre pour l'exposer à la lumière, car elles sont les mêmes que pour ce dernier procédé.

Les épreuves sur papier au chlorure d'argent, tant vantées dans ces derniers temps, ne sont pas pourtant à l'abri de reproches.

Le plus sérieux de tous est le temps infiniment long qu'il faut pour produire l'impression. Aussi peut-on avancer que ce moyen ne peut être employé qu'avec le soleil ardent de l'été, et ses partisans seraient sans nul doute bien en peine, s'il leur fallait produire des épreuves avec le soleil rougeâtre qui éclaire notre bonne ville de Paris pendant nos longs mois d'hiver. Les épreuves obtenues l'été demandent une exposition lumineuse qui dure de deux à quatre heures, encore faut-il se servir d'une puissante lentille destinée à concentrer les rayons lumineux sur le cliché : or j'ai déjà dit que l'emploi des lentilles ardentes constituait un moyen illogique et non susceptible de produire de bons effets.

La plupart des épreuves qui ont été exposées aux regards du public étaient tellement retouchées, que cet artifice suffirait à prouver l'impuissance de ce procédé.

Malgré cela, lorsqu'il s'agit de faibles amplifications, par exemple de cinq à six fois, on a pu obtenir avec le soleil d'août quelques épreuves fort bien réussies. Parmi les plus remarquables, nous citerons celles de M. le comte Aguado. D'autre part, on doit savoir gré à M. E. Delessert d'avoir montré la possibilité d'obtenir des amplifications dont les proportions n'ont pas été dépassées. L'installation des appareils de M. E. Delessert est, du reste, très-ingénieuse ; nous nous empressesons de le remercier d'avoir bien voulu nous laisser visiter son atelier de photographie.

Ajoutons, pour terminer, qu'il devient nécessaire d'employer un héliostat lorsqu'on opère sur chlorure d'argent : car les rayons lumineux se déplaçant à chaque instant du centre de l'appareil, il en résulte de doubles contours et des images molles qui, certes, ne sont pas d'un heureux effet. Maintenant de grands héliostats coûteraient fort cher, et nous ne pensons pas que les amateurs de photographie augmentent encore leur matériel, car ils le trouvent déjà trop considérable.

Le procédé du papier ioduré humide est celui qui nous a paru donner les meilleurs résultats, car nonseulement il est facile à employer, mais il demande un temps d'exposition relativement très-court, ayant obtenu des épreuves en quelques secondes. Nous allons donc le décrire avec tous les détails nécessaires, d'autant plus que nous avons apporté dans les manipulations un assez grand nombre d'innovations qui nous font considérer ce procédé ainsi modifié comme une méthode sûre et parfaite.

PRÉPARATION DU PAPIER

La finesse du grain du papier n'est pas indispensable, car l'encollage que nous allons indiquer vient en boucher les pores et en égaliser la surface, et pour la même raison les taches métalliques sont moins à redouter.

L'encollage se prépare de la manière suivante. On prend :

> 30 blancs d'œufs dont on a retiré les jaunes ;
> Eau distillée................. 200 gr.

On bat le tout en neige consistante et on laisse reposer douze à quinze heures ; on décante alors avec précaution la partie claire, on la filtre à travers un linge fin, puis on en couvre le fond d'une cuvette à fond très-plat, après avoir passé une bande de papier de soie à la surface du bain, afin d'enlever les impuretés qui pourraient s'y trouver (1). On y étend doucement et sans temps d'arrêt, en évitant les bulles d'air, une feuille de papier qu'on laisse six minutes, afin

(1) Cette remarque s'applique à tous les bains,

qu'elle s'imprègne d'une façon suffisante. Au bout de ce temps, on la retire et on la suspend par deux angles à l'aide de pinces en bois placées sur une corde tendue horizontalement. Il faut avoir soin de placer au bas de chaque feuille une bande de papier de soie, destiné à absorber l'excédant d'albumine.

Le papier étant sec devra être placé entre des feuilles de papier buvard : on soumettra le tout à une légère pression, de façon à rendre bien planes les feuilles albuminées, ce qui facilitera les préparations qu'on doit lui faire subir.

Afin de rendre l'albumine tout à fait insoluble, on place une à une chaque feuille dans une cuvette remplie d'alcool à 36 degrés (1). On peut mettre autant de feuilles qu'on désire dans ce bain. Les feuilles étant plongées, on retourne le paquet, on retire les feuilles une à une et on les fait sécher, comme cela a été indiqué pour le bain d'encollage.

Il faut maintenant ioduler le papier, et voici le bain qu'il faut composer à cet effet :

Blancs d'œufs................ 300 centim. cubes.
Iodure de potassium........ 10 gr. 5 déc.
Bromure de potassium....... 3 gr.
Eau distillée q. s. pour dissoudre les sels.

On bat le tout en neige consistante comme pour le bain

---

(1) J'ai essayé d'ajouter au bain d'alcool de la gomme laque blanche, et cela n'a aucun inconvénient; au contraire, cela permet de supprimer le premier bain d'albumine, en donnant au papier une grande force, ce qui évite les déchirures et facilite les manipulations, avantages fort appréciables quand il s'agit de feuilles d'aussi grandes dimensions.

d'encollage, on décante, on verse la solution dans une cuvette (1) (nous employons celles en bois et verre) ; puis on étend les feuilles une à une du côté déjà albuminé sur le bain que nous venons d'indiquer. On laisse en contact une minute et demie, afin que la couche d'albumine soit épaisse ; car c'est seulement dans cette couche qui se trouve à la surface du papier que l'image doit se former. Chaque feuille étant retirée est mise à sécher comme précédemment. Cette méthode d'encollage et d'iodurage, qui nous est propre, offre un moyen certain d'arriver à de bons résultats. Il va sans dire que toutes les opérations ci-dessus énoncées peuvent se faire au grand jour.

Je n'ai pas rencontré, dans le commerce, de papier ioduré pour les agrandissements qui ne présente l'immense défaut de donner des images dans la pâte du papier, ce qui fait perdre à l'épreuve toute sa vigueur.

Pour sensibiliser le papier, on composera le bain suivant :

<pre>
Eau distillée................. 1000 gr.
Azotate d'argent fondu.......   70   »
Acide acétique cristallisable.. 100   »
</pre>

Le papier doit être étendu sur ce bain sans temps

(1) Pour éviter l'emploi de cuvettes pour l'iodurature, j'ai essayé, comme l'indique M. Testelin, d'iodurer à l'aide d'une éponge ou d'une brosse la feuille étendue sur une table, et d'encoller cette feuille une fois sèche. Les feuilles présentaient des différences d'intensité qui résultaient de l'imparfaite répartition de l'iodure dans la pâte du papier, et le dessin avait en outre l'inconvénient fort grave d'être tout à fait dans son épaisseur, inconvénient que nous évitons totalement par l'encollage préalable.

d'arrêt, afin d'éviter les lignes qui ne manqueraient pas d'apparaître dans le bain révélateur. Un peu d'habitude rendra ce tour de main facile.

Le papier devra rester sur ce bain trois minutes; pendant ce temps, on mettra sur la glace du châssis destiné à l'exposition à la lumière une feuille de buvard blanc que l'on mouillera parfaitement d'eau distillée, en évitant les bulles d'air; sur cette feuille, on en déposera une deuxième qui devra aussi être arrosée d'eau. On renversera l'excédant du liquide de manière à faciliter l'adhérence des feuilles à la glace du châssis, qui sera déposé en outre horizontalement, afin de pouvoir y étendre la feuille sensibilisée toute ruisselante de nitrate d'argent.

Il faudra éviter soigneusement les bulles d'air entre le buvard humide et l'envers de la feuille sensibilisée, car chaque bulle formerait une tache, qui, bien que légère, pourrait s'apercevoir après le collage de l'épreuve sur bristol.

Le châssis sera alors redressé dans le sens qu'il devra occuper et mis à la place de l'écran en bristol qui avait servi pour la mise au point. On ne devra pas craindre que la feuille se détache du châssis, car la capillarité la fait adhérer d'une façon parfaite.

Avant que le temps d'exposition que l'on juge nécessaire soit écoulé, on ferme l'obturateur du mégascope, et, avec une bougie, on examine s'il s'est formé à la surface de la feuille une légère silhouette de l'image; dans le cas contraire, on prolonge la pose jusqu'à ce que l'apparition de cette silhouette ait lieu. On devra alors en remarquer l'intensité, car elle servira de guide pour la révélation, et fera connaître si la pose a été trop longue ou trop courte.

Pour faire apparaître l'image, on se servira du bain suivant. On fait dissoudre dans :

> Alcool à 36°................. 500 cc.
> Acide gallique.............. 100 gr.

On filtre, puis on prend :

> Solution d'acide gallique..... 20 cc.
> Eau distillée................ 1000 gr.

On mêle et on a alors le bain révélateur. La solution alcoolique d'acide gallique est fort commode, car elle se conserve longtemps.

La feuille étant retirée du châssis est mise (le côté non impressionné) en contact avec le bain révélateur, puis retournée et immergée dans le bain : ce qui s'obtient en agitant la cuvette. Cela fait, on passera sur l'envers de l'épreuve, qui vous fait face, un tampon de ouate mouillé préalablement dans le bain, afin d'enlever les impuretés qui pourraient adhérer au papier et amener par la suite des réductions qui produiraient des taches. Alors vous retournez la feuille pour juger de l'apparition : les grands noirs sont apparus, et l'image ne tarde pas à *sortir* avec tous ses détails. C'est un fort joli spectacle que de voir une grande épreuve se dessiner partout en même temps ; le charme que cela procure est infini ; disons-le sans crainte, ces grandes épreuves ont une puissance de vérité que ne possèdent pas, à notre avis, celles obtenues avec le châssis positif.

Si le temps d'exposition a été convenable, les grands noirs prennent de l'intensité en conservant leur fouillé, et les blancs restent purs.

Si le temps de pose a été trop long, les détails des grands noirs disparaissent en s'empâtant, et les blancs grisonnent. Si au contraire la pose a été trop courte, les noirs ne prennent pas de vigueur, et les légers détails des parties éclairées n'apparaissent pas.

D'après ces données et l'intensité de la silhouette que l'on a dû bien remarquer à la première pose, on apprend à savoir la force de la silhouette pour tel ou tel cliché, avant de la retirer du châssis. Il suffit d'avoir fait une épreuve d'un cliché pour connaître l'intensité que doit avoir la silhouette, pour fournir des épreuves ayant le temps de pose nécessaire. Nous avons cru ces répétitions utiles pour bien faire comprendre ce que l'on doit entendre par *intensité de la silhouette*.

Aussitôt que l'épreuve aura été débarrassée des deux côtés des impuretés qui auraient pu s'y attacher pendant le cours des opérations que je viens de décrire, et cela à l'aide du tampon de ouate, on l'abandonnera dans le bain, la face en dessus, cela pour pouvoir à chaque instant surveiller la venue de l'image, pendant que l'on passera une deuxième feuille au bain d'argent.

Il faudra environ dix minutes d'immersion dans le bain révélateur pour pouvoir juger si le temps de pose a été convenable. On peut donc, sans perdre de temps, passer à une deuxième épreuve.

Le même bain d'acide gallique pourra recevoir trois ou quatre épreuves, en ayant soin, bien entendu, de les changer de temps en temps de place ; je veux dire de mettre dessus celles qui étaient dessous pour vérifier s'il ne se forme pas de réductions : dans ce cas, on les enlève en les frottant avec le tampon de ouate.

Quand les réductions persistent, ce qui a presque toujours lieu, il ne faudra pas perdre de vue l'épreuve, et y passer souvent le tampon pour les empêcher de prendre de l'intensité. Plus loin, nous indiquerons le moyen de les faire disparaître lorsqu'elles ne seront pas très-accusées.

Si le bain d'acide gallique venait à se troubler, par suite de la prompte réduction de nitrate d'argent qu'y apporte chaque épreuve, on devrait retirer les épreuves et les mettre dans un bain d'eau où on les laverait avec un tampon de ouate, afin de les débarrasser des impuretés qui auraient pu s'y fixer. Il faudra alors préparer un autre bain révélateur pour le recevoir. Ce bain sera composé ainsi :

1,000 cc. solution d'acide gallique, précédemment citée, à laquelle on ajoutera 20 cc. de la solution suivante :

> Eau distillée .... 100 gr.
> Azotate d'argent fondu 4
> Acide acétique............... 15

Quand on aura jugé que les épreuves auront acquis l'intensité convenable, il faudra bien les laver dans plusieurs eaux, et enlever avec un tampon de ouate bien propre les impuretés qui auraient pu s'y attacher.

Ces lavages devront être faits coup sur coup, afin de prévenir les taches qui ne manqueraient pas d'apparaître si on mettait trop de temps entre chaque lavage. On mettra ensuite l'épreuve dans une autre bassine pleine d'eau, où toutes les autres épreuves viendront prendre place en attendant le fixage.

Pour fixer les épreuves, on fera dissoudre dans :

> Eau distillée................... 1000 gr.
> Hyposulfite de soude........... 300 »

On immergera les feuilles l'une après l'autre dans ce bain, en ayant soin d'éviter les bulles d'air. On les retournera de temps à autre, afin d'éviter les inconvénients d'un contact trop prolongé des feuilles entre elles, et pour faciliter la dissolution du sel d'argent qui n'a pas subi l'action réductrice du bain d'acide gallique.

Après une demi-heure de séjour dans le bain fixateur, on pourra leur faire voir la lumière diffuse pendant le temps que l'on mettra à examiner les épreuves par transparence, pour juger si elles ont été dépouillées de la couleur jaune caractéristique de l'iodure d'argent.

Quand cette couleur a disparu complétement par transparence, ce dont il est facile de s'assurer en sortant complétement l'épreuve de la cuvette et en la mettant entre soi et le jour, on les transportera dans une autre bassine remplie d'eau filtrée, où on les lavera à plusieurs reprises en changeant le liquide chaque fois pour les purger complétement de l'hyposulfite de soude contenu dans la pâte du papier. Il est bon que le lavage soit complet, et de laver ensuite les feuilles dans une eau nouvelle avant de les faire virer.

Après ces opérations, les épreuves ont généralement une teinte d'un jaune-brun désagréable. Le bain de virage indiqué plus loin a pour but de modifier cette teinte et de rendre les épreuves beaucoup plus inaltérables aux diverses émanations qui agissent sur l'argent et qui n'ont point d'action sur l'or, dont l'image se trouvera alors revêtue.

Le bain de virage sera composé ainsi qu'il suit :

Chlorure d'or neutre.......... 1 gr.
Eau distillée................. 1000 »
Chlorure de chaux............ 1 »

On délaye d'abord le chlorure de chaux dans un mortier avec une petite quantité avant de l'ajouter au bain d'or ; on filtrera ensuite.

Les épreuves sortant du dernier bain de lavage, où elles ont séjourné pendant plusieurs heures, seront retirées, bien égouttées et immergées dans le bain de virage.

L'action de ce bain est énergique, surtout lorsqu'il est nouvellement préparé. On aura donc le soin de ne pas perdre de vue les épreuves, et on les changera constamment de place pour empêcher le contact des feuilles entre elles.

Au bout de quelques minutes, les épreuves commenceront à changer de couleur, les blancs deviendront plus purs, et les parties foncées arriveront graduellement au ton noir gris des dessins faits à l'estompe ou à la couleur sépia colorée.

A ce point, on arrête le virage en lavant l'épreuve dans plusieurs eaux, et on fera bien de prolonger ces lavages afin de détruire le chlore, qui a sur le papier une grande action destructive.

Si les blancs de l'épreuve, au sortir du bain de virage, avaient conservé la trace des réductions dont nous avons déjà parlé, réductions que l'on évitera presque toujours si l'on prend toutes les précautions que nous avons indiquées, car elles proviennent ou des bains mal filtrés, ou encore faute d'avoir négligé l'usage du tampon ou d'avoir passé une bande de papier à la surface du bain ; si donc les réductions ont persisté, on fera le bain suivant en assez grande quantité :

        Eau distillée................. 1000 gr.
        Chlorure de chaux........ ....   2 »

L'épreuve sera mise dans ce bain et surveillée attentivement ; on la frottera avec un tampon de ouate. Alors les réductions ne tarderont pas à disparaître, si elles ne sont pas prononcées. Aussitôt l'effet obtenu, on lavera l'épreuve dans plusieurs eaux, puis on procédera au séchage, qui est le même que pour les épreuves positives au chlorure d'argent. Enfin il ne restera plus qu'à coller l'épreuve sur bristol, et à la faire satiner.

Ici s'arrêtent les préceptes relatifs à l'obtention des épreuves agrandies. Nous espérons n'avoir rien omis, et nous ne saurions trop répéter que ce procédé, qui peut paraître un peu compliqué, est d'une réussite pour ainsi dire certaine.

TABLE DES MATIÈRES

Préface 5

Esquisse historique 7

De l'image photographique 13

Des instruments employés en photographie :

De l'objectif 17

Des rayons 18

Des verres employés en optique 22

Effets des lentilles 22

Verres achromatiques 35

Actions chimique et calorifique du spectre solaire 36

Calcul de la longueur focale 40

    A. Lentilles plano-convexes 40

    B. Lentille bi-convexe à courbures égales 42

    C. Lentille bi-convexe à courbures inégales 43

Objectifs combinés et simples 47

Des chambres noires 56

Des pieds 62

Du châssis positif 63

Planchette à polir 68

Verres et glaces 69

Balances 69

Crochets 70

Cuvettes 71

Accessoires divers 72

Appareils 74

Des substances chimiques employées en photographie :

Acide acétique. — Acide nitrique ou azotique........ 81
Ammoniaque liquide. — Acide gallique. — Acide pyrogallique. — Azotate d'argent...................... 82
Iodure et bromure. — Alcool. — Éther. — Eau........ 83
Chlorure d'or. — Chlorure de platine. — Fulmi-coton. — Cyanure de potassium...................... 84
Hyposulfite de soude............................. 85

Du laboratoire et de l'atelier.................... 85

Règles sur les reproductions :

Paysages, monuments, gravures, etc.............. 88
Reproduction des objets animés, portraits........... 92
Éclairage....................................... 94

Procédé au collodion humide :

Choix et nettoyage des glaces.................... 98
Collodion normal................................ 101
Liqueur pour ioduler le collodion normal............. 102
Bain d'argent négatif............................ 103
Bain de fer révélateur........................... 104
Autre bain révélateur............................ 104
Bain pour renforcer le négatif. — Bains fixateurs...... 105
Sensibilisation de la glace........................ 106
Mise au point. — Pose........................... 111
Développement................................. 112
Tirage des épreuves, positives.................... 115
Papier salé..................................... 116
Papier albuminé................................. 117
Sensibilisation du papier albuminé................. 118
Exposition à la lumière.......................... 119
Bain de virage.................................. 121
Fixage... 122

Procédés au collodion sec, par M. J. Robert (de Sèvres) :

Négatifs sur verre pour le collodion et l'albumine (pro-

cédé Taupenot)................................... 123
1° Application sur la glace parfaitement nettoyée de
la dissolution d'albumine....................... 123
2° Application du collodion sur les glaces préparées... 123
3° Sensibilisation de la surface................... 124
4° Lavage complet à l'eau, à la cuvette............ 124
5° Application de l'albumine iodurée sur le collodion
encore humide................................ 124
6° Séchage de la glace à l'air libre, à l'abri de la poussière... 126
7° Sensibilisation de la glace dans le bain d'acéto-nitrate
d'argent (à l'obscurité)........................ 127
8° Séchage de la glace à l'air libre et à l'obscurité.... 127
9° Exposition de la chambre noire.................. 127
10° Développement de l'image...................... 128
11° Fixage de l'épreuve........................... 130

Procédé sec au tannin :

1° Encollage préalable de la glace................. 131
2° Collodionage de la glace....................... 131
3° Sensibilisation et lavage....................... 131
4° Application du tannin.......................... 132
5° Exposition à la chambre noire.................. 133
6° Développement de l'image...................... 133
7° Fixage de l'épreuve et vernissage............... 134

Procédé sur albumine, par M. Bacot (de Caen) :

Nettoyage des glaces............................ 135
Sensibilisation.................................. 137
Développement.................................. 138

**Procédé sur papier sec ciré à l'aide de la pa-
raffine et de la cire vierge, de M. A. Civiale :**

Marche à suivre................................. 140
Épreuves négatives. — Choix du papier.......... 142
Cirage et décirage du papier..................... 142
Bain n° 1 d'alcool ioduré........................ 144
Bain sensibilisateur. — Bain n° 2................ 147
Choix du paysage et mise au point............... 149

Temps de pose... 152
Bain n° 3... 153
Fixage, fixage provisoire, fixage définitif....... 155
Décirage... 156
Observation. — Épreuves positives................... 157
Fixage et virage.. 158

**Description de la chambre noire de voyage de
M. Civiale**... 163

**Description du nouveau châssis à prtefeuille
obturateur permettant d'opérer en pleine lumière, sans tente ni abri**......................... ... 169

Procédé rapide sur papier ciré sec................... 172

Procédé sur papier, de M. Cuvelier............... 175

Des épreuves stéréoscopiques 187

Tableau des bases d'un angle de 15° depuis 1^m jusqu'à 3^m. 203

Des agrandissements :

§ 1. Microscope simple. — Microscope solaire........ 204
§ 2. Mégascope solaire de Charles................... 211
§ 3. Mégascope réfracteur achromatique............. 212

ERRATA

Page 40.   1re ligne,   lisez longueur *foca*
Page 64.   1re ligne,   lisez fig. 31.